马克思主义学生读本

列宁的一生

丛书主编：韩喜平

本书著者：聂　阳

编　委　会：韩喜平　邵彦敏　吴宏政
　　　　　　王为全　罗克全　张中国
　　　　　　王　颖　石　英　里光年

吉林出版集团股份有限公司

图书在版编目（ＣＩＰ）数据

列宁的一生 / 聂阳著. -- 长春：吉林出版集团股份有限公司, 2012.12
（2021.2重印）
（马克思主义学生读本）

ISBN 978-7-5534-1151-4

Ⅰ.①列… Ⅱ.①聂… Ⅲ.①列宁，V.I.（1870～1924）—传记—青年读物
②列宁，V.I.（1870～1924）—传记—少年读物 Ⅳ.①A731-49

中国版本图书馆CIP数据核字(2012)第291622号

列宁的一生
LIENING DE YISHENG

丛书主编：韩喜平
本书著者：聂　阳
项目策划：范中华　徐树武
责任编辑：宫志伟
出　　版：吉林出版集团股份有限公司
发　　行：吉林出版集团社科图书有限公司
电　　话：0431-81629720
印　　刷：永清县晔盛亚胶印有限公司
开　　本：710mm×960mm　1/16
字　　数：100千字
印　　张：12
版　　次：2012年12月第1版
印　　次：2021年2月第4次印刷
书　　号：ISBN 978-7-5534-1151-4
定　　价：36.00元

如发现印装质量问题，影响阅读，请与出版方联系调换。

序　言

习近平总书记指出，青年最富有朝气、最富有梦想，青年兴则国家兴，青年强则国家强。青年是民族的未来，"中国梦"是我们的，更是青年一代的，实现中华民族伟大复兴的"中国梦"需要依靠广大青年的不断努力。

要提高青年人的理论素养。理论是科学化、系统化、观念化的复杂知识体系，也是认识问题、分析问题、解决问题的思想方法和工作方法。青年正处于世界观、方法论形成的关键时期，特别是在知识爆炸、文化快餐消费盛行的今天，如果能够静下心来学习一点理论知识，对于提高他们分析问题、辨别是非的能力有着很大的帮助。

要提高青年人的政治理论素养。青年是祖国的未来，是社会主义的建设者和接班人。党的十八大报告指出，回首近代以来中国波澜壮阔的历史，展望中华民族充满希望的未来，我们得出一个坚定的结论——实现中华民族伟大复兴，必须坚定不移地走中国特色社会主义道路。要建立青年人对中国特色社会主义的道路自信、理论自信、制度自信，就必须要对他们进行马克思主义理论教育，特别是中国特色社会主义理论体系教育。

要提高青年人的创新能力。创新是推动民族进步和社会发展的不竭动力，培养青年人的创新能力是全社会的重要职责。但创新从来都是继承与发展的统一，它需要知识的积淀，需要理论素养的提升。马克思主义理论是人类社会最为重大的理论创新，系统地学习马克思主义理论有助于青年人创新能力的提升。

要培养青年人的远大志向。"一个民族只有拥有那些关注天空的人，这个民族才有希望。如果一个民族只是关心眼下脚下的事情，这个民族是没有未来的。"马克思主义是关注人类自由与解放的理论，是胸怀世界、关注人类的理论，青年人志存高远，奋发有为，应该学会用马克思主义理论武装自己，胸怀世界，关注人类。

正是基于以上几点考虑，我们编写了这套《马克思主义学生读本》系列丛书，以便更全面地展示马克思主义理论基础知识。希望青年朋友们通过学习，能够切实收到成效。

韩喜平

2013年8月

目　　录

引　言

　　列宁究竟是一个怎样的人？他何以被称为"全世界无产阶级和劳动人民的伟大革命导师和领袖"？是怎样的社会历史环境孕育了这位伟人？他又是如何领导布尔什维克党取得革命的胜利，并建立世界上第一个社会主义国家的？

　　伟人总是为我们的好奇心留下了无尽的想象，那么，就让我们带着好奇心走近伟人列宁。

　　一个伟大的时代成就了一个伟大的人，一个伟大的人又推动了一个时代的发展。19世纪末20世纪初，主要的资本主义国家正处于向帝国主义过渡的阶段：一方面，资本主义得到了迅猛发展；另一方面，资本主义的矛盾也日益凸显。在这样的社会环境下，居于统治地位的垄断资产阶级竭力扩大了资产阶级的势力范围，企图巩固并加强资产阶级的国内统治和世界统治。但在当时的俄国，由于资本主义起步较晚，垄断资本主义的势力较弱，并且封建残余势力也较为浓厚，因此，沙皇专制统治与垄断资本主义的勾结导致了俄国的无产阶级斗争缺乏进行民主斗争的现实条件。所以，力量相对弱小的无产阶级——作为当时俄国社会的进步力量，一方面继续坚持无产阶级革命道路，另一方面又同右倾机会主义进行着坚决的斗争。就是在这样一个复杂的社会环境中，列宁诞生了。

列宁是因为青年时代受到了革命的影响，才逐渐走上了革命的道路。列宁在青年时代参与创办了《火星报》，来宣传无产阶级革命思想。随后，他又凭借着自己的才能成了布尔什维克党的领袖。广阔的实践舞台和卓越的领导才能让列宁领导着布尔什维克相继取得了1905年俄国革命、1917年二月革命和十月革命的胜利，并最终建立了苏维埃政权。政权建立后，他又凭借着战时共产主义的政策领导着苏联人民粉碎了帝国主义的三次武装进攻和国内反革命势力的叛乱。不仅如此，在探索社会主义道路的途中，列宁也勇敢地尝试了新经济政策，从而使得俄国的经济建设逐步走上了正轨。就这样，一个伟大的社会主义国家诞生了。

列宁的革命和建设实践，证明了他是世界上第一个社会主义国家的缔造者和建设者，也正因为如此，列宁成了全世界无产阶级的革命领袖和先驱，列宁影响并改变了整个世界。在一定意义上，列宁成功开辟了人类历史发展的新纪元——社会主义由理想变为现实。

列宁的整个生命历程既是他光辉事业的成就史，又是他的社会主义思想的发展史。他在理论与实践、共产主义、民族主义、土地政策等理论和实践方面都作出了巨大的贡献。此外，列宁不仅是领导革命的伟人，更是生活中活生生的人。虽然列宁已经离我们远去，但他的伟大精神却得到了继承和发展。走近伟人列宁，体验他的生命历程，赞美他的光辉事业，感受他作为时代领袖和人民公仆的亲切气息，虽然我们不能像他一样成为伟人，但我们能努力成为一个有用的人。

第一章　少年列宁的革命洗礼

第一节　生命之钟的敲响

春天，伏尔加河开始解冻了。河水在河面上漫开，河面顿时变得开阔起来，融化的冰块发出"噼啪"的撞击声，随水漂去。伏尔加河和斯维亚加河从两个不同的方向冲刷着一座山的山脚，而这山上则坐落着一个普通的俄罗斯村庄。因为相传400多年前距离这村庄20俄里的地方，曾经住过一个姓"辛比尔"的保加利亚公爵，所以，人们便习惯称这里为辛比尔斯克城。

这一天，一阵响亮的啼哭声从一座小木屋里传了出来，这啼哭声打破了村庄的宁静——一个伟大的俄罗斯人民的儿子在这里降生了。在一片浑厚的钟声中，神圣的尼克尔教堂出生登记册中多了这样一条记录：弗拉基米尔，生于1870年4月22日，受洗于4

月28日。而这个襁褓中的弗拉基米尔，就是未来苏联的缔造者，"全世界无产阶级和劳动人民的伟大革命导师和领袖"列宁。

列宁的父亲伊里亚·尼古拉也维奇·乌里扬诺夫出身于贫苦家庭，他靠半工半读求学，是一位出色的教育家和社会活动家，曾在下新城当了六年的中学教员。1869年，由于工作勤奋出色，列宁的父亲当了辛比尔斯克省的国民教育视察员，后来搬到了辛比尔斯克城。列宁的母亲虽然是位家庭妇女，但她品质高尚，为人善良正直，还懂得很多知识和道理。列宁的父母亲的关系很好，彼此相敬如宾。他们对孩子也很疼爱，并且非常重视孩子的教育。因此，列宁的家庭对孩子们的成长起到了良好的作用。

1870年秋天，刚满半岁的列宁和全家一起搬进了新房子，在新家他们可以看到"旧王冠"山顶的一部分。四年之后，根据国民教育部的命令，他的父亲又被任命为省里的国民教育总监。由于列宁的父亲经常外出视察，列宁的母亲一个人既要负责家里的生活起居，又要教育四个孩子，这无疑让列宁的母亲承担了不少压力。不久之后，列宁一家再次迁入新居，然而这次搬迁并不理想，一年后他们又迁居到波克罗夫街28号的科所拉波夫家。就这样，频繁的搬迁占据了列宁大部分的童年时光。

孩提时代的列宁聪明淘气，他跟其他孩子一样都很喜欢玩玩具，不同的是，玩具在他手中经常会变得粉身碎骨，有人问他为什么这样做，这时他总会撅起小嘴天真地回答说："我想看看它里面究竟有什么东西。"正是这种好奇心，让年幼的列宁没少惹祸。但同时，列宁又是一个诚实的好孩子。列宁8岁那年，有一次母亲带着他到阿尼亚姑妈家中做客。活泼好动的小列宁一不留神，把姑妈家的一只花瓶打碎了。但是，没有人知道是谁打碎的。

后来，姑妈问孩子们："是谁打碎了花瓶？"其他孩子都说："不是我。"小列宁因为担心说实话会遭到不大熟悉的姑妈的责备，所以他也跟着大家大声回答："不——是——我！"然而，当列宁的母亲看到了列宁迟疑的表情，就猜到花瓶是淘气的小列宁打碎的。令她不解的是，小列宁向来都是主动承认错误，从未撒过谎。

于是，小列宁的母亲就开始思考如何处理孩子撒谎的问题呢。当然，最省事的办法就是直接揭穿这件事，并且处罚他。但是列宁的母亲没有这么做。她认为，重要的是教育儿子犯错误后要勇于承认错误，做一个诚实的好孩子，而不是一味地责备他。

于是她装出很相信儿子的样子，在三个月内一直没有提过这件事，而是给儿子讲各种各样诚实守信的美德故事，等待着儿子的良心深处萌发出对自己行为的羞愧感。从那以后，列宁的母亲明显地感觉到，儿子不如以前活泼了，似乎是良心正在折磨着他。

有一天，在小列宁临睡前，母亲又像往常一样，一边抚摩着他的头，一边给他讲故事。不料小列宁突然失声大哭起来，痛苦地告诉母亲说："我欺骗了阿尼亚姑妈，我说不是我打碎了花瓶，其实是我干的。"听到孩子羞愧难受的述说，母亲耐心地安慰着他，说："给阿尼亚姑妈写封信，向她承认错误，姑妈一定会原谅你的。"

于是，小列宁马上起床，在母亲的帮助下，给姑妈写信承认了错误。几天后，小列宁收到了阿尼亚姑妈寄来的回信，在信中，她不但表示原谅小列宁，还称赞小列宁是个诚实的好孩子。小列宁得到原谅后，十分高兴，又像以前一样过着快乐的日子。他还悄悄地对母亲说："做诚实的人真好，不用受良心的谴责。"母亲看着儿子会心地笑了，她为自己能有这样诚实的好孩子而感到满意。

第二节　故乡求学的日子

1878年，列宁的父亲用自己大半生的积蓄，在莫斯科街58号买下了一座用木板盖成的、带有阁楼和玻璃回廊的平房。房子面向莫斯科大街，里面很宽敞，家里的每个人都有自己独立的天地。就是这样，全家在这里待了九个年头，直至1887年离开故乡，列宁的少年时代都是在这里度过的。

列宁是一个健壮勇敢的孩子，他很喜欢热闹的游戏，喜欢欢蹦乱跳。五岁时，母亲就教他识字读书，他也很勤奋。列宁九岁的时候上了中学，读书对于列宁来说是轻松的，列宁在学校是一个出了名的优等生。此外，早在学生时代，列宁就以能够系统而周密地学习著称。就拿他在学校写作文的方法来说吧。首先，他会撰写一个简明的大纲，包括引言和结论；然后，他会把纸对折，左面打草稿，上面写有配合写作计划的各种数字和文字；以后的几天里，他会在纸的右面写上补充、改正和添改的文字以及参考资料，等等；最后，他再根据这个草稿写出文章——一般先是草稿，然后誊清。

这种对一切工作细心准备的作风成了列宁工作的特征。后来，每当他准备写一篇文章或作一次演说时，他也总是这样先写一个简明的大纲。同样地，当他准备写一本小册子或者是一本书时，也总是要列几次大纲，而且一次比一次详细精确。不单如此，他还会很细心地编辑必要的引文、数字和材料。

列宁还在上小学时就开始了解俄国工人和农民所受到的残酷压迫。这是因为他受他哥哥的影响很大，他的哥哥亚历山大是一个意志坚强、处事冷静又善于思考的青年，他在上学期间是一个优等生，他不但很善于从事科学研究工作，而且他还是一个属于"民意党"组织的革命小团体的成员。除此之外，亚历山大·乌里扬诺夫还在工人中间宣传过马克思的《资本论》。

列宁在上学时是个个性随和的人，他很乐意帮助同学们辅导功课，因此，同学们对他都很尊敬、友好。不过，有一天争吵终究还是发生了。

"喂，乌里扬诺夫，难道你认为同仆人的儿子共用一张课桌是体面的事情吗？"一个出身于伯爵门第的同学问他。

"是的，我认为是十分体面的事。"列宁直截了当地回敬了他。

"真奇怪，"那个小孩耸耸肩说，"一个是总监的儿子，一个是仆人的儿子。"他冷笑一声，"可能这也没什么奇怪的。要知道，你的父亲是所谓'国民学校的总监'。"他用蔑视的语气强调了"国民学校"这几个字。

列宁把拳头攥得紧紧的，但是他克制住了，没有动手。"以后你别再接近我，我不想理你。"列宁发怒了，说着朝正低着头发窘的米沙走去，并约他放学后一起回家。

1886年，列宁的父亲去世了。这是乌里扬诺夫一家最大的不幸。那时，列宁正在读中学。1887年，列宁的哥哥亚历山大·伊里奇又因为谋刺沙皇亚历山大三世案被捕并惨遭杀害。自从亚历山大被捕并处以死刑后，从前的亲友大都同他家疏远了，因为同一个革命者的家庭保持友好关系是危险的。列宁哥哥的死让列宁从小就明白了革命的意义，但是列宁和他哥哥不一样，他探索的是一条与他哥哥不同的、跟专制制度作斗争的道路。

哥哥的被害使列宁不得不思考他的终身事业。他清楚地认识到，一切问题的根源都是专制制度，是资产阶级和一切剥削者。他知道纯粹的文化教育工作（即他父亲终身从事的工作）不能推翻剥削者，也不能解放人民。但是，他也清楚采用恐怖手段不可能取得胜利，因为那只会造成阻碍："民意党"人谋刺亚历山大二世成功了，但是另一个沙皇又出现了，沙皇制度依然存在；许多高级的宪兵官吏被杀死了，但沙皇、地主和厂主的政权并没有被推翻。最重要的是，这种斗争方法对于组织劳动群众和提高他们的阶级觉悟毫无帮助，相反，它对工作有害，因为革命党人的主要精力要是都浪费在恐怖活动上，那它就会破坏革命党人同群众的联系，在反对专制制度的任务和方法的角度上给革命党人和全体人民灌输极其错误的观念。

第三节　革命的洗礼

1887年8月，列宁随自己的母亲和弟妹们一起到外祖父家住了一个多月。同年秋，17岁的列宁进入喀山大学法律系。他之所以选择攻读法律，除了因为法律是当时可以研究社会经济问题的唯一一个系之外，他还考虑到司法活动将会对自己未来从事的革命活动起到一种合法掩护的作用。他曾经说过："现在这样的时代我们必须研究法学和政治经济学。在别的时代，也许我就选择别的学科了。"

与此同时，列宁就读的大学迅速传开了一个消息："亚历山大·乌里扬诺夫的亲弟弟是今年的新生。"这消息让列宁声名鹊起。在大学里，列宁结识了一批有革命思想的学生。不久，列宁又参加了辛比尔斯克的同乡会。凭借对革命的热情、对政治问题的敏感以及百折不挠的精神，列宁很快在大学生中赢得了威望。不久，列宁就成了学生运动的领袖。

沙皇政府以谋刺亚历山大三世一案的主要参与者是大学生为借口，对学生和一些自由派教授们实行了一系列严厉的限制措施。在当时的大学校园里布满了警察，到处都是暗探，只要有什么风吹草动，很快就会被人告发，然后就会被逮捕。这一切成了学生运动爆发的导火索。在乔治大街一所老商人的房子里，喀山大学各同乡会代表举行了一次秘密聚会，为即将掀起的"学潮"拟定请愿书及其议程。列宁作为辛比尔斯克同乡会的代表参加了此次会议。"……同学们，难道我们就不能起来保卫我们已经被践踏了的权利吗？难道我们就不能向飞扬跋扈的反动派提出抗议吗？我们相信喀山的同学们，我们呼吁你们起来，在学校来进行公开的斗争！"洪亮的声音拨动着在座的每一个学生的心弦。

几天后，也就是12月4日，列宁参加了反对大学里的警察制度的学生抗议大会。会上最引人注目的就是列宁的讲演，在会上他不仅揭露了沙皇的压迫行为，而且还要求学生们坚决抗议反动的警察制度。后来，学生们喊着"打倒视察员"的口号向校长办公室走去。列宁走在了队伍的最前面，因此他遭到了逮捕，不久后就被开除学籍，并被流放到喀山附近的柯库什基诺村，那是一个孤僻幽静的小村庄。

后来，列宁曾谈到过他被捕后与押送他的警官的对话，对话这样的：

"小伙子，造反有什么好处？你这不是向一堵石墙上撞吗？"警官对他说。

"是的，但这是一堵朽墙，一撞就倒的。"列宁这样回答。

列宁积极参加喀山学生运动，标志着他的革命活动的开始，在这里，他第一次受到了革命的洗礼。

第二章　有志青年的艰苦磨难

第一节　奔赴革命中心

在柯库什基诺村，列宁认真地考察了当地农民的生活情况。一年以后，由于母亲的奔波周旋，列宁获准回到了喀山，可是被禁止再回大学。于是，列宁开始在校外认真地学习并研究马克思主义。他在乡间度过了整个夏天，先是在柯库什基诺村，后来来到萨马拉省阿拉卡也夫卡村。当时，喀山已经有了一个马克思主义小组，列宁很快就成了小组的一个积极分子。正是在喀山，列宁研究了马克思的《资本论》第一卷。

1889年，列宁移居到了萨马拉（现名古比雪夫）。他在那里生活了四年半，这四年半是他埋头苦读的四年半。利用这四年半，列宁学了好几种外语，特别是德语。列宁学习德语的目的就是为了能阅读马克思和恩格斯的原著，因为这些著作大部分还未被译成俄文。同时，列宁还认真阅读了秘密出版的俄国革命书籍，特别是社会民主主义的"劳动解放社"的出版物。这个团体是普列汉诺夫、阿克雪里罗得等人1883年在国外组织的，该团体在俄国进行了广泛的马克思主义宣传。

在萨马拉，列宁准备参加国立大学的考试。1891年，他为了考试，第一次来到首都圣彼得堡。他考得很好，也得到了文凭，因此可以注册为律师助手。尽管收入微薄，但完全可以使他独立生活了。这时，让人们感到惊异的是，他这样一个仅仅21岁的青年，就能阅读德文、法文著作，他还懂得英文，并且已经认真钻研了马克思的《资本论》，此外还熟读了其他马克思主义著作。这时，列宁把马克思和恩格斯的《共产党宣言》从德文译成俄文，这种译本在萨马拉的革命青年中间流传了很久。在萨马拉，列宁和阿·斯克略连柯、伊·拉拉扬茨组织了一个马克思主义小组。

这年夏天，列宁住在萨马拉附近的乡间，在那里继续努力研究马克思主义。他在菩提树密林中给自己搭了一个隐蔽的窝棚，里面摆着一个凳子、一张桌子。一吃过早饭，他就带着一大堆书到那里去，一直工作到吃午饭的时候。吃完午饭，他又带一些关于社会问题的书回到那个地方去。晚上，列宁在散步和游泳结束以后，又会拿一本书坐在走廊里一张放着灯的桌子旁边看书。乌里扬诺夫全家都生活在这里，只要列宁一有时间，比如，在空闲、吃午饭或者散步的时候，他就会用他的笑声和活力感染每一个人。

列宁非常懂得如何协调工作和休息的时间。除了体育锻炼，列宁的另一个爱好是下棋，他八九岁时就开始和父亲下棋。他下棋很认真，严格遵守规则：不准悔棋，只要下了子就算数。其实，列宁对赢棋的兴趣不大，他更感兴趣的是从下棋活动中感受斗争的紧张，并学会摆脱困境的能力。

列宁是一个很勤奋的人，也乐于助人。他帮助他的同志们学习，还帮助他妹妹玛丽亚学习语言。列宁帮助别人的方法很特别，他坚持要她尽可能地独立学习，只有在特别困难的时候，才能征求帮助。他帮助妹妹准备功课时，也要求她要按照一定的计划，认真对待作业，凡是做得草率马虎的，列宁都会让她重做。

后来，列宁在说明马克思和恩格斯学说的本质时写道："马克思和恩格斯拥有世界历史意义的伟大功绩，而这功绩就在于他们向各国无产者指出了无产者的作用、任务和使命，那就是要起来同资本主义进行坚决的革命斗争，并在这个斗争中把一切被剥削的劳动群众团结在自己的周围。"

就是在这段时间里，列宁对一切与他有过接触的人都产生了一种磁石般的力量，人们同他谈话时，会感到一种振奋人心的力量。在列宁身上，生活的兴致和乐趣是同机敏与朴实相结合的，他的精深的马克思主义修养是同他对自己力量的坚定信心相结合的，他的革命热情是同明确清晰的表达方式相结合的。

在萨马拉，列宁已经发展成为一个马克思主义革命家了。他已找到了他一生的目标。然而，在萨马拉没有进行革命工作的机会。那里几乎没有无产阶级，没有大学。列宁渴望到革命中心，到大工业中心去。于是，他决定移居圣彼得堡——那个神圣的革命中心。

列宁本来打算在1892年就奔赴圣彼得堡，但由于母亲的缘故，他又在萨马拉停留了一年。那时，乌里扬诺夫家刚刚遭到一个新的打击。列宁的妹妹奥里珈，一个有才气的优秀姑娘，因为伤寒病死了。她的死对列宁的母亲来说是一个沉重的打击，因此，母亲需要有人陪伴，所以，列宁决定在萨马拉再多留一段时间。直至1893年秋，列宁才抵达圣彼得堡，由此展开了他革命事业的蓝图。

1893年秋，23岁的列宁抵达圣彼得堡时，正是俄国历史上最黑暗的时期，当时的城市不时发生罢工事件，有时罢工的规模很大。而有些城市则已经建立起了革命的社会民主主义小组（如勃拉戈耶夫、勃鲁斯涅夫、费多谢也夫等小组）。

列宁一到圣彼得堡，就同在当地工人中一些进行秘密宣传的马克思主义小组建立了联系，首先是同所谓的"老头子"小组建立了联系，小组中有斯·拉德琴柯、格·克拉辛、格·克尔日札诺夫斯基等人。在那几年认识列宁的同志都一致认为这个年轻的小伙子是很不错的，他在圣彼得堡秘密马克思主义小组里给人留下了深刻的印象。

这些列宁的早期同志，有很多是后来与我们党的生存和斗争休戚相关的人物，比如克尔日札诺夫斯基、克拉辛、克鲁普斯卡娅、巴布什金、瓦涅也夫等。在1893年到1894年的冬天，列宁为了建立一个马克思主义者的基本核心，开始到处发表演说。经过这些演说之后的讨论，列宁很快就发现哪些人对马克思主义是动摇的，哪些人想驳倒马克思主义，或者想把他们的"修正主义"引进马克思主义的学说里。在围绕这些演说展开的理论斗争中，列宁鉴别了他的朋友和敌人，团结了一批可靠的同志。

1894年春，列宁在圣彼得堡的工人中开展了广泛的宣传马克思主义的工作。在研究小组中，列宁把理论与实践密切结合起来，他向工人宣读并讲解《资本论》和马克思其他著作。此外，他还经常询问他们的工作条件，并向他们解释如何才能改变现存的社会制度。另外，他对其中比较优秀的工人进行特殊的教育，训练他们成为革命运动和工人政党未来的组织者和领导人。

后来，列宁在圣彼得堡建立了很多秘密的工人小组，这些小组当时被叫作"社会民主主义小组"，后来改名为"工人阶级解放斗争协会"。列宁和他领导的工人小组在圣彼得堡进行了很多革命工作，因此，秘密的工人小组的数量在不断增加。这其实是建立一个无产阶级的新型政党的尝试，这个政党与西欧社会的民主党不同，它的基本任务是用革命的手段推翻现有的社会制度。列宁慎重挑选和团结圣彼得堡的革命力量，同时与为数甚多的机会主义者和违背马克思主义的反动分子展开了坚决的斗争。

1895年春，列宁患了严重的肺炎，病愈后他第一次出国游历。列宁出国的目的是同那里的革命者建立联系，研究国内缺乏的马克思主义革命文献。在出国期间，他了解了国外的工人阶级运动的发展历程及其领导人是如何开展革命运动的。列宁的出国游历时间很长，他在瑞士、巴黎和柏林就待了将近四个月。

在同一时间，列宁见到了普列汉诺夫以及"劳动解放社"成员。以前的俄国民粹派组织认为社会主义将从村社中产生，从而把大部分注意力放在了农村。只有几个工人阶级组织，像哈尔土林和奥尔诺尔斯基领导的南俄工人协会（1875年）和俄国北方工人协会（1878年），才认识到工人阶级是真正的革命力量，并指出工人必须争取政治自由。列宁在国外见到的"劳动解放社"就是依据马克思的学说而建立的，该组织指出，工人阶级是推翻专制制度并为反对资本主义和社会主义而斗争的主要力量。

列宁给国外"劳动解放社"的工作人员留下了一个极其强烈的印象，他们感到他是同俄国工人阶级运动有着密切联系的马克思主义革命家的代表。与普列汉诺夫、阿克雪里罗德以及"劳动解放社"的其他成员不同，列宁在19世纪90年代中叶已经清楚地看到了，工人阶级在反对专制制度斗争中的独立作用，同时，他也看到了俄国资产阶级在这一斗争中的冷淡和怯懦。列宁在国外结识了法国和德国工人阶级运动的领导人，参加了工人的集会和工人俱乐部，还在图书馆进行研究工作。

1895年秋天和冬天，圣彼得堡出现了一个工人阶级运动的高潮，普梯洛夫工厂、桑顿和拉斐尔姆工厂以及很多其他的企业都举行了大罢工。

第二节　被捕入狱

以列宁为首的"工人阶级解放斗争协会"积极地领导工人们的这次斗争，也同样积极地领导了圣彼得堡其他工厂的工人的斗争。列宁想尽力把这些分散的罢工转变为整个工人阶级反对剥削者的一场有组织的斗争。但在一个月之内，领导罢工的很多人都被捕了，列宁也不例外。但是圣彼得堡无产阶级的斗争仍在前进，"协会"的工作已经深深地扎下了根。

列宁在监狱里继续精神饱满地从事革命工作。列宁在监狱里严格分配他的时间，并严格遵守时间表，继续为革命事业不屈不挠地工作。即使在铁窗之中，他依旧精力充沛，兴致勃勃。他母亲常说："他在狱中身体变好了，而且变得异常愉快。"在监禁时，列宁专心从事研究工作。监狱里有一个由革命同志和他们的朋友建立起来的藏书还算丰富的图书馆。除此以外，囚犯们还获准从狱外获得书刊。每天从早到晚，列宁都坐在图书馆里研究与统计学有关的书籍和经济学著作，准备写作《俄国资本主义的发展》。在这一时期，他继续从事建党工作，写下了第一个党纲草案。这个党纲后来经过多次补充和重新起草，成了布尔什维克确立党纲的主要依据文件。此外，列宁还写了一个名为《论罢工》的小册子，并秘密印刷了很多宣传马克思主义的传单。

与此同时，列宁和狱中以及外面的同志进行了很频繁的通信，勉励他们继续发扬革命精神。囚犯们要通信不得不使用各种巧妙的办法。列宁通常把他的信用牛奶写在要归还的书籍的书页里。用火一烘，用牛奶写的字就变黑了。为了防止写信时被发现，列宁用面包做成小墨水瓶，在里面灌上牛奶。看守刚一开门，列宁立刻就把墨水瓶吃下去。他有一次在信的附白里写道："今天我吃了六个墨水瓶。"

列宁在沙皇的监牢里之所以坦然无畏，是因为他坚信工人阶级一定会胜利。他知道在狱墙之外，在圣彼得堡郊区，无产阶级正进行着波澜壮阔的革命罢工。1896年春，正当地主、资产阶级和沙皇的一切仆从庆祝尼古拉二世加冕时，圣彼得堡的工人在巴黎公社成立25周年纪念日那一天，向法国工人致敬。同一天，圣彼得堡的3万纺织工人举行罢工。罢工期间出现了25种革命传单，有几种是列宁在监狱里写的。

随后，莫斯科的纺织工人也发动了规模巨大的罢工。罢工的原因之一是工人要求在举行加冕典礼那几天照发工资，因为那几天各厂是奉警署之命停工的。这几次罢工，可以说是第一次革命年代到来的信号。罢工引起的席卷全国的革命运动高潮，使沙皇政府惊恐万状，尼古拉二世不得不几次推迟从南方返回首都的时间。

在列宁领导下建立起来的圣彼得堡工人组织是后来建立的布尔什维克党的萌芽。列宁是在反对形形色色的机会主义的斗争中建立起这个组织的。工人阶级社会民主主义组织的形成是一个伟大的革命成果，列宁号召工人打击专制制度和资本主义，成千上万的工人从这个组织中和进行斗争的经验中学到了许多东西，列宁本人也从中得到了教益。

列宁在圣彼得堡的几年，选拔了最优秀的人物作为未来党的领导干部。他所做的不止这些，他还教育和培养他们，提高他们对马克思主义的认识和他们的革命勇气，鼓舞他们的战斗精神，并在面临严峻考验和极其困难的时刻帮助他们。在这几年里，列宁给予马克思主义的敌人民粹派、"合法马克思主义者"和各式各样的机会主义者以沉重的打击。在为维护马克思学说并把它们应用于俄国而进行的斗争中，他取得了多次胜利。

列宁的表现让人们知道了他是马克思和恩格斯的学说和事业的最直接的，也是最合格的后继者和继承人。

第三节　流放西伯利亚

1897年2月，在沙皇监狱中度过了14个月时间的列宁，被流放到西伯利亚东部，并受到了警察的监视。1898年春天，娜捷施达·康斯坦丁诺夫娜·克鲁普斯卡娅来到了舒申斯克村。后来她成了列宁的妻子，也是他终身最亲密的朋友和忠实的助手。

尽管列宁被流放到了偏远的西伯利亚，几千公里的密林区把他同无产阶级的中心城市隔开了，但他仍从事着他毕生的工作。他决定利用三年的流放时间完成几本已经着手写作的关于俄国经济状况的重要著作，更深入地钻研哲学，秘密发行出版物，并开始着手建立政党。列宁在流放的前两年，用大部分精力撰写他的《俄国资本主义的发展》一书。在写这部书时，列宁细心地研究了几百种记述工农生活状况和工业农业情况的统计学和经济学著作。列宁特别重视精确的、无可争辩的事实和准确的数字，因而，他一生对统计工作评价很高。他的《俄国资本主义的发展》一书给了民粹派的理论一个致命的打击。列宁认为民粹派的理论对无产阶级的革命斗争是十分有害的，它不仅不能武装无产阶级反而解除了无产阶级的武装，还会在革命队伍里散布疑惧情绪。

列宁认为，只有把反马克思主义的民粹派打垮，一个无产阶级的政党才能够建立并发展起来，因为他看清了民粹主义（一种小资产阶级的理论）是想把无产阶级置于资产阶级的影响之下。

在被流放的几年里，列宁还写了其他许多有关经济的文章，主要是反对民粹主义的。1899年，列宁不仅出版了他的经济论文集，而且还出版了《俄国资本主义的发展》。这些都是他的最早的被广为传诵的作品。

三年的流放生涯，不论对列宁还是对无产阶级革命斗争说来，都没有被浪费。

1900年2月，流放期满，列宁从西伯利亚回到了俄罗斯。他想侨居国外，因为那里远离沙皇警察，可以出版报纸，还能以它为中心，建立无产阶级政党。列宁越过大雪纷飞的西伯利亚时，心里首先想的就是这个计划。

第三章　革命领袖的激情奔走

第一节　创办《火星报》

1900年7月17日，列宁启程去德国，开始了长达五年半的政治侨居者的生活。

当时他决定同"劳动解放社"的领导人（普列汉诺夫、阿克雪里罗得、查苏利奇等人）共同出版报纸；马尔托夫和波特列索夫也从俄国赶来帮助出版报纸。他们都是列宁的拥护者。正式出版报纸之前，列宁同"劳动解放社"为这件事协商过，但是协商得很不顺利，常常出现争执不下的局面。列宁同普列汉诺夫派进行了长时间的商讨之后，终于拟定了关于出版《火星报》和《曙光》杂志的声明。在《〈火星报〉的编辑部声明》中，列宁说："在统一以前，并且为了统一，我们首先必须坚决而明确地划清界限。"

1900年12月底，《火星报》的创刊号问世了，1901年春，《曙光》杂志的创刊号也出版了。列宁成了《火星报》的组织者和实际的编辑。列宁早在《火星报》的创刊号上就谈到了革命的前景："有了坚强的有组织的党，某一次的罢工也能够变成政治示威，变成对政府的一次政治胜利。有了坚强的有组织的党，某一个地区的起义也能够发展成胜利的革命。"《火星报》是用小号铅字密排，印在薄葱皮纸上的，因为这样便于传递到俄国。今天的读者难以想象当时党的工作者收到每一期新《火星报》时的愉快感觉。对于这份报纸，他们从头到尾反复读，也在研究小组里互相传看。每期《火星报》都会给工人带来新的力量，它指示他们怎样进行斗争和怎样壮大组织，可以说《火星报》是正在创建中的党的真正领导者。

20世纪初，当《火星报》开始出版时，俄国正好发生了工业危机。在1900年，大规模的罢工相继爆发，生产萎缩，失业人数增长。1899年到1902年，不断爆发的声势浩大的学生罢课和示威游行，反映出国内的政治形势日益紧张。1902年，许多城市发生了工人的政治罢工和工人的示威游行。在这时，《火星报》编辑部全力起草了党纲。党纲草案分为两个主要部分：最高纲领和最低纲领。第一部分说明无产阶级政党的主要要求，就是推行社会主义和建立社会主义社会；第二部分论述的是在资本主义社会也能实现社会主义。

1902年春，列宁移居伦敦，在伦敦过着一种几乎是与世隔绝的生活，他的全部时间都用于《火星报》和《曙光》的编辑工作、党的工作和科学研究工作。克鲁普斯卡娅除了协助他处理日常工作之外，还自己做家务，比如做饭、擦地板等。1902年夏，乌克兰及南方其他地区爆发了农民骚动并与军警发生了冲突，这是一次大规模的农民运动。同时小资产阶级的社会革命党也出现了，并出版了他们自己的著作。随后列宁又相继写了《为什么社会民主党应当坚决无情地向社会革命党人宣战》、《给农村贫民》和《革命冒险主义》等文章来进行革命斗争。

《火星报》指导工人阶级怎样领导劳动人民进行反对沙皇制度的斗争，反对资产阶级对马克思主义的歪曲，办报理念倾向于布尔什维克。《火星报》在列宁指导下，把党团结在马克思主义的旗帜下。它反对机会主义者，即反对一切企图使工人政党服从于资产阶级的人，并反对一切或明或暗的工人阶级的敌人。它反对惧怕沙皇却伺机联合沙皇反对工农并使工人阶级从属于资产阶级的自由派。它反对怂恿无产阶级走个人恐怖主义道路的小资产阶级冒险主义者。它反对崩得分子，因为他们想把统一的工人阶级政党分裂为没有一个坚强核心的分散的组织。它反对一切调和主义分子和妥协分子，因为他们企图把各种政见不同的组织联合成为一个松散的党。总之，它坚决反对对马克思主义原则的一切修正，一切歪曲。

斯大林曾说，在他看来，列宁在那时就已经是一位出色的领导者，是一只山鹰。"当我知道列宁从19世纪90年代末，特别是从1901年以后，在《火星报》出版以后的革命活动的时候，我就深信列宁是一个非常了不起的人物。当时在我看来，他不是我们党的一个普通的领导者，而是我们党的实际创造人，因为只有他一个人才了解我们党的内部实质和迫切的需要。当我拿列宁和我们党的其他领导者比较的时候，我总感到列宁的战友普列汉诺夫、马尔托夫、阿克雪里罗得等人都远不如列宁。列宁和他们比较起来不单是一个领导者，而且是一个典型的领导者，是一只山鹰，他在斗争中不知恐惧为何物，大胆地引导我们党沿着前人未曾走过的俄国革命运动的道路前进。"

第二节　成立并领导布尔什维克

第一次党代表大会（1898年）仅有9个代表出席，尤其是因为大会选出的中央委员会很快被捕，因而大会对党的活动影响并不大。为了切实建党，为了通过党纲和巩固无产阶级的革命力量，就必须召开第二次代表大会，而因为俄国革命运动的迅猛发展，召开代表大会就更为紧迫了。

同召集大会有关的工作由《火星报》负责，列宁是主要负责人。为了召开代表大会，列宁在俄国组织了一个大部分成员为《火星报》代办员的组织委员会。在团结俄国社会民主党人的工作中，最积极的有尼·巴乌曼、林格尼克、斯塔索娃、捷姆里雅奇卡和克拉希柯夫。在南高加索，党的工作由斯大林负责。

列宁通过到国外来看望他的同志，以及用通信的方法，指挥俄国的革命工作。因为辗转传递，信件要很长时间才能达到目的地，得到回信也要几个星期或几个月。这种通信是伤脑筋的事情。只要有一封信，以隐蔽方式通知他某人被捕、某一印刷所或者某一传递的文件被警察发觉，就会使列宁在夜里不能入眠。在筹备代表大会时，列宁想使完全拥护《火星报》纲领的更可靠的党的工作者参加，因为这次大会要团结工人阶级的领导力量。经过了长期的努力，第二次党代表大会在1903年七八月间举行了。当时正是革命运动迅速发展的时期。有成千成万工人参加的总罢工席卷南俄全境：在南高加索，在斯大林领导下，爆发了多次工人的政治示威运动；1901年12月，斯大林掌握了巴土姆社会民主党组织的领导权，并组织了著名的工人政治示威，这次示威最后与宪警发生了冲突；在许多城市（罗斯托夫、巴库、第比里斯、敖德萨、明斯克、基辅等）爆发了工人反对专制制度的示威活动。

代表大会于1903年7月30日在布鲁塞尔的一个大面粉仓库里开幕，到会代表43人，代表26个社会民主党组织，普列汉诺夫致开幕词。在几次会议以后，由于警察的迫害，大会转移到了伦敦。《火星报》对党作出了巨大的贡献，所以大会指出《火星报》是党借以壮大革命力量的革命旗帜。出席代表大会的，除了列宁的坚定拥护者以外，还有小资产阶级的崩得分子、经济派的代表和软弱的"泥潭派"的代表。大会在土地纲领、自由等问题上面存在很多争论，列宁为捍卫他所拟定的党章和党的严格集中制而进行了坚决的斗争，他的目的是创建一个新型的战斗型革命政党。因为第二国际大多数党都是"坚守和平"的政党，他们不愿领导工人阶级进行革命斗争，希望通过议会选举达到实现和平的目的，想跟着资产阶级政党亦步亦趋，充当他们的应声虫。第二国际的社会主义者把革命谈得天花乱坠，但事实上他们想尽可能地与资产阶级达成妥协，并企图阻挠工人的革命行动。

列宁要创建一个坚强健全、能够领导武装起义、推翻专制制度并能够领导无产阶级夺取政权的党。为了完成这一伟大任务，俄国无产阶级必须创建一个战斗型的无产阶级政党。列宁意识到，如果工人阶级不建立这样一个政党，它就必然会在将来同专制制度和资产阶级进行的斗争中遭到失败。然而，马尔托夫所拟定的党章在第二次代表大会上却被占大多数的崩得分子及其他机会主义代表通过了。后来，在1905年春天举行的第三次代表大会上，即布尔什维克大会上，马尔托夫拟定的条文被从党章中删去了，列宁制定的新条文得到了参会代表的认可。

从此就有了"布尔什维克"（多数）和"孟什维克"（少数）这两个名词。列宁的拥护者被称为"布尔什维克"，马尔托夫的追随者则被称为"孟什维克"。大会选举列宁、普列汉诺夫和马尔托夫组成《火星报》编辑部（普列汉诺夫在会上是站在列宁一边的）。马尔托夫坚持要让从前《火星报》所有的老编辑加入编辑部。大会希望有一个可靠的编辑部，就否决了这个提案。于是，马尔托夫宣称他不愿意在编辑部工作。少数派在大会上怒气冲冲地宣称，他们拒绝加入中央委员会。最终，拥护列宁的代表克尔日札诺夫斯基、林格尼克和诺斯科夫被选入了中央委员会。

这次大会决定了党的未来的命运，列宁成功地把大多数代表——后来他们都成了布尔什维克党的骨干——团结到了自己身边。

作为俄国社会民主工党一个派别的布尔什维克，后来在1912年成立了一个独立的俄国社会民主工党，最终领导俄国无产阶级取了全面胜利；1912年脱离俄国社会民主工党的孟什维克，则成了资产阶级的帮凶，公开站到了反革命阵营。

1904年，迫在眉睫的革命震动了整个俄国。列宁当时多次指出革命即将到来，无产阶级政党要有所准备。1904年爆发了日俄战争，这是沙皇俄国和日本为了瓜分中国而挑起的帝国主义侵略战争。1905年1月初，沙皇军队全面溃败。日俄战争时期，俄国国内爆发了波澜壮阔的罢工。1904年12月，巴库举行总罢工。第二年1月初，圣彼得堡的普梯洛夫工厂举行罢工。1905年1月22日，圣彼得堡的群众在加邦牧师的领导下，列队到冬宫呈递请愿书。工人向沙皇呈递的请愿书里，就包含着布尔什维克指定的若干政治纲领和经济要求。沙皇军队开枪镇压，打死打伤工人数千人。列宁得到这个消息时说："革命开始了。"他清楚，武装起义的时机成熟了。

第三节　投入1905年的革命斗争

1904年开始的日俄战争加速了俄国革命的到来，沙皇本来指望通过这次战争巩固在国内的反动统治，然而他彻底失算了。列宁分析了当时的形势，认为沙皇俄国的失败将激起国内的革命激情。他指出："俄国的自由和俄国（以及全世界的）无产阶级争取社会主义的斗争事业，与专制制度的军事失败有非常密切的联系。"

此时，孟什维克只把一月事件当成工人阶级斗争中一个孤立的插曲来对待，列宁却意识到俄国进入了一个新的历史阶段。"工人阶级从国内战争中得到了巨大教训；无产阶级在一天中所受到的革命教育，是他们在暗淡的、平常的、受压制的生活中几月几年都不能受到的"。列宁坚决要求举行代表大会，严厉批评了中央委员会中那些企图拖延代表大会召开的调和分子。

1905年4月代表大会终于在伦敦召开了，列宁的努力获得了成功。列宁指出，起义是无产阶级走向胜利的必由之路。他认为，只有建立临时革命政府才能巩固无产阶级起义的胜利，因为临时革命政府将是无产阶级和农民的革命民主专政。

在1905年五一节宣言里，列宁说明了国内形势的特点："俄国现在已从沉睡、闭塞和奴隶状态中苏醒，这种情形是从来没有过的。社会上的各个阶级，从工人、农民到地主和资本家，都活动起来，彼得堡、高加索、波兰、西伯利亚到处响起一片愤怒声……争取自由的斗争变成了全民斗争。"

1905年夏，全国掀起了连续不断的工人起义浪潮。随后的一年中，全国到处发生罢工。一个农民暴动的新浪潮正在兴起。沙皇政府增调军队到圣彼得堡，解散了国家杜马，查封了所有的宣传社会主义的报纸。

1907年6月16日，第二届国家杜马被解散了，国家杜马中的社会民主党党团人员被捕并受到审判。1905年颁布的确定国家杜马选举办法的选举条例也被废除了，代替它的是一个由沙皇颁布的新选举条例。新的条例削减了工人农民在国家杜马中的代表，增加了资产阶级与地主的代表。所有社会民主党与左派资产阶级主办的报纸都被查封了，大批革命工人遭到逮捕。

刚刚经过了一段革命高涨时期的党这时不得不退却。在列宁的英明领导下，党在这第一次退却时只蒙受了最小程度的损失。在镇压革命群众的过程中，沙皇的警察动用大批的密探包围了工人组织，一个密探（马林诺夫斯基）甚至打入了党的中央机关和杜马工人代表团，被流放、被罚做苦力以及亡命在国外的布尔什维克们却没有因此而放弃斗争，他们都被一种思想、一种感情鼓励着：他们知道那没有被玷污的布尔什维克的旗帜在列宁强有力的掌握之中，他们准备再次对沙皇制度展开坚决的斗争。

1907年秋，列宁出国去斯图加特参加国际社会党代表大会。在这次大会上，德国的代表团请大会通过一项为殖民地扩张政策作辩护的决议。论及这个问题时，列宁说，殖民政策使一部分无产阶级沾染了殖民主义者的沙文主义，屈服于资产阶级思想，并坚决反对通过这个决议。

1910年底，在圣彼得堡又爆发了街头示威，有一万人参加示威，反对沙皇制度，一个新的罢工浪潮正在兴起。

1912年4月，连纳金矿的工人们向检察官请愿，要求释放罢工时被捕的几个同志，军警向工人开了枪，致使270人牺牲，几百人受伤。连纳的枪杀事件在工人阶级中间掀起了一个愤怒的浪潮，罢工浪潮席卷了所有的大工业中心，到处都在举行游行示威，1912年，全国有将近100万人参加了罢工。

1914年，革命运动继续高涨。在"五一"节那天，全国有100多万工人举行罢工。1914年夏，在彼得堡发生了一次规模浩大的罢工，大约有30万工人参加了罢工运动，并且与军队展开了巷战。

1914年7月28日，奥匈帝国向塞尔维亚宣战，第一次世界大战爆发。8月1日，德国向俄国宣战。8月4日，英国向德国宣战。大约在一周内，几乎整个欧洲都卷入了战争。

列宁指出，这场战争是帝国主义为了夺取市场、为了掠夺别国而发动的战争；为了资产阶级的利益，一个国家的工资奴隶被煽动起来反对另一个国家的工资奴隶。

布尔什维克的口号是，宣传社会主义革命；号召士兵们把武器指向本国的资产阶级政府；要进行无情的斗争反对沙文主义，反对背叛了社会主义的第二国际的领袖们。不久之后，列宁得到了普列汉诺夫叛变的消息。同大多数的孟什维克一样，普列汉诺夫已经成了一个护国论者，一个社会沙文主义者，呼吁工人们在战争中拥护沙皇政府。为了反驳普列汉诺夫，列宁特地去听了一次普列汉诺夫有关战争的讲演，讲演完毕，列宁是唯一报名要求辩论的人，他猛烈地抨击普列汉诺夫的立场，并且详细讲解了布尔什维克的立场。

在同普列汉诺夫决裂以后，列宁在瑞士几个城市里作了关于战争的演说。在这些演说中（以及在给党的同志的信件中）他详细阐述了他的论点。他说，最重要的事，是变帝国主义战争为国内战争，大规模宣传这一口号是必要的。为了革命的成功，必须进行不屈不挠的斗争以反对本国的民族主义。

为了维护统治，沙皇政府逮捕并流放了很多积极的布尔什维克，斯大林从国外回来后也被捕了，并被流放到了土鲁汉斯克区。尽管政治迫害很严厉，一切有阶级觉悟的俄国工人在战争后的头几个月里就聚集到了列宁周围。

1916年4月，在列宁的倡议下，布尔什维克在昆塔尔召集了第二次国际会议，列宁在这次会上争取到了很多的拥护者，为第三国际的成立铺平了道路。列宁认为帝国主义战争已经使世界局势发生了新的变化，它清楚地表明，资本主义进入了一个新的阶段，必须对这种变化作一个分析，以此来制定无产阶级政党的策略，指出无产阶级革命能够迅速发展的必然性。

1914年秋，列宁就已经对有关帝国主义的文献作了广泛的研究。1916年年初，他开始撰写《帝国主义是资本主义的最高阶段》。为了这本著作，他参考了几百种外文书籍，做了大量的笔记，每一本讲帝国主义问题的书或刊登在欧洲报刊上的比较重要的讨论帝国主义的文章，他都会拿来当参考资料。

列宁这本书指出："帝国主义把资本主义的矛盾发展到了最后的界限，到了极限，超过这个限度，革命就开始了。"因此，通过这部理论著作，列宁给了无产阶级一件新的武器，证明在最近的将来必然会爆发一次社会革命。列宁清楚地看到无产阶级革命的即将到来，因而也随之越来越多地考虑到社会主义革命的道路问题。他认为，因为资本主义在各个国家的发展速度不同，发展不平衡，并且带有间歇性，社会主义在一个国家内得到胜利是完全有可能的。

列宁写道："社会主义可能首先在少数甚至在单独一个资本主义国家内获得胜利。这个国家内获得胜利的无产阶级既然剥夺了资本家并在本国组织了社会主义生产，就会起来反对其余的资本主义的世界，把其他国家的被压迫阶级吸引到自己方面来，在这些国家中掀起反对资本家的起义，必要时甚至用武力去反对剥削阶级及其国家。"

1916年年初列宁写道："社会主义革命可能在最近的将来爆发。"

在列宁根据对事实的审慎研究而得出这些预言之后的一年多的时间，他的计划在俄国完全实现了。在国际运动中，列宁与布尔什维克党仍然是少数，然而各国的革命力量已开始团结在他们的周围了。

第一次俄国革命表明，革命阶级的代表，在开始是无足轻重的少数，但很快就取得了千百万人民的信任。为什么？"因为这少数人真正代表这些群众的利益，他们相信革命即将来到，他们准备全心全意为革命服务"。列宁清楚，布尔什维克的理论代表群众的利益，因此必定会取得胜利。

第四节　领导1917年的十月革命

1917年，俄国的无产阶级和农民经历了长期战争的痛苦，整个俄国社会、经济、政治和思想发生了巨大的震荡和变化。全国物价高涨，粮食匮乏，专制政府在前线连打败仗，军队里怨声载道。在大战的几年里，罢工运动一直在持续发展，农民骚动不安，整个专制统治机构即将分崩离析。这一年，是俄国革命最为活跃的一年，相继发生了两次大规模革命，即二月革命和十月革命，期间还包括七月示威等大的革命活动。这些活动改变了俄国历史发展的方向，并对整个人类历史产生了巨大的影响。而列宁作为布尔什维克领袖，在这一年内的革命斗争中扮演了重要的角色。

1917年2月，轰轰烈烈的二月革命爆发了。罢工爆发于彼得格勒，同时还发生了一些不太激烈的示威运动。士兵参加了起义工人的队伍，无产阶级和穿着军装的农民的战斗联盟建立起来了，政府和资产阶级企图镇压这次革命，但是毫无效果。

列宁在瑞士听到革命爆发的消息，立刻发出指示，说明应该做些什么。"现在，主要的事情是办报刊，是把工人组织到革命的社会民主党里去……无论如何不再采用第二国际的形式！无论如何不同考茨基合作！一定要有更革命的纲领和策略"。1917

年3月，列宁在信中提出了许多口号：为建立共和国而斗争，为反对帝国主义而斗争，"要宣传、鼓动和斗争，以便促进国际无产阶级革命和由'工人代表苏维埃'（而不是由立宪民主党的骗子手）夺取政权"。列宁反对一切同社会爱国主义者以及如托洛茨基之流的动摇分子们联合的企图。他说，最重要的是去组织群众，去唤醒人民中的新阶层，"以便准备由'工人代表苏维埃'夺取政权。只有这样的政权能够提供面包、和平与自由"。现在应该"武装起来等待时机，武装起来为更高阶段准备更广泛的基础"。

在1917年2月资产阶级民主革命兴起的初期，列宁精确地表述了布尔什维克的立场。他号召人民不要相信临时政府，不要给它任何支持。他指出这个政府不能给人民带来和平、面包或自由，它在帮助帝国主义者并且会继续进行掠夺战争。

无产阶级的党——布尔什维克党是在斗争中起决定作用的主要力量。列宁指出：无产阶级的党必须保持独立性，不与其他政党订立任何协定，它必须为全面的胜利作最广泛的准备，在城市和乡村进行广泛的组织工作。正是这样，沙皇制度受到了致命的一击，沙皇政府被推翻了，政权没有完全落到资产阶级手里，和资产阶级的临时政府同时并存的是一个新的、然而还很脆弱的工人苏维埃政府。但沙皇帝制还没有完全被打垮，而且资产阶级还在试图通过他们的临时政府保存帝制。

在这个关键时期，两重政权之所以能存在，是因为无产阶级还没有强大到能把政权掌握在自己手里；而另一方面，资产阶级也没有能力来解散苏维埃而形成它自己的专政。由于临时政府什么也不能给人民，所以工人的任务是再发动一次决定性的斗争，推翻资产阶级。在这场斗争中，俄国无产阶级会有一个同盟者，这就是千百万半无产阶级、小农大众，他们需要和平、面包、自由和土地。

列宁一接到革命爆发的消息，就开始想一切办法尽快返回俄国。历经万难，他终于顺利回国，在白岛车站受到了从彼得格勒来的斯大林和别的布尔什维克的迎接。列车当晚抵达彼得格勒，芬兰车站、广场和邻近的街道挤满了成千上万的工人和士兵，等着迎接他们敬爱的领袖，月台上还排列着一个仪仗队。工人和士兵向列宁欢呼致敬，许多人流下了热泪。

1917年5月，列宁草拟了关于四月代表会议的报告的提纲，其中他写道："走向社会主义。要像岩石那样坚定不移地执行无产阶级路线，抵制小资产阶级的动摇性。采取说服、'解释'的办法去影响群众。对崩溃要有准备，要准备进行比二月革命强一千倍的革命。"

次日，列宁在布尔什维克党的一次会议上，发表了著名的四月提纲，内容是不支持护国主义分子，护国主义就是出卖社会主义；结束战争不能指望强加的和平，必须打倒资本主义；现在是从革命的第一阶段（它把政权给了资产阶级）转入第二阶段的时候了，在第二阶段必须把政权交给无产阶级和贫农；坚决不支持临时政府，工人代表苏维埃是革命政府唯一可能的形式。

在谈到工人目前的主要任务时，列宁在草稿中写道："我们应当巧妙地、谨慎地、循循善诱地引导无产阶级和贫苦农民前进，从'两个政权'进到工人代表苏维埃掌握全部政权，这就是马克思所说的并在1871年出现过的公社。"列宁的提纲在党内引起了极其热烈的反响。它指出了新的道路，提供了一个明确的行动纲领。斯大林和全党一致决定坚决拥护列宁，只有一小撮右倾投降分子（加米涅夫、李可夫等）主张同孟什维克和护国派达成妥协以帮助临时政府，并激烈地反对列宁。例如，加米涅夫在列宁发表了四月提纲的次日，就发表文章说列宁提出的方案是难以接受的。他要求党去完成资产阶级革命，而不要使它转变为社会主义革命。遵照列宁的指示，布尔什维克每天在工人集会上，在兵营和工人的生活区里演说，党的主要活动就在工人阶级的生活区里进行，列宁有好几次在群众大会上发表演说。

列宁竭尽全力来解释布尔什维克的口号，他在各种会上阐述布尔什维克的学说，每天都在《真理报》上发表文章，并且和党员、工人、士兵以及农民谈话。工兵农群众当时关心的是下述三个主要问题：战争问题、土地问题和国家机构问题。对于这些问题，列宁都给予明确而肯定的回答。战争必须用全面的和平来结束，但是这种和平只有在全部国家政权完全转入苏维埃手里的时候才能取得；土地必须属于人民，地产必须立刻无偿地交给农民；必须成立苏维埃共和国。

6月4日，列宁在全俄农民第一次代表大会上发表演说。农民代表们不顾孟什维克和社会革命党人的反对，都来倾听布尔什维克领袖的演说。

6月，全俄工人、士兵、农民苏维埃第一次代表大会召开。彼得格勒大多数工人、士兵都表示支持布尔什维克。本次会议上，布尔什维克提议在6月10日进行群众示威游行，在场的孟什维克和社会革命党人清楚，这个示威游行会使彼得格勒的工人团结在列宁周围，所以他们打算否决这个决议。

但在群众的压力下，大会最终决定在6月18日发动示威游行。6月18日的示威游行中，绝大多数的标语都是布尔什维克的口号，比如"一切政权归苏维埃""打倒战争"，群众表现出了他们拥护列宁和布尔什维克党的决心。在声势惊人的游行面前，资产阶级藏了起来，孟什维克和社会革命党人惊恐不已。

在强大的无产阶级示威游行的压力下，临时政府不得不把两个民愤极大的资产阶级头目米留可夫和古契柯夫免职，他们曾残酷地迫害劳动者并特别坚持把战事继续下去。临时政府为了镇压革命运动并履行它与帝国主义国家政府的协定，却在这时宣布准备发动前线总攻。这时临时政府的头子是克伦斯基。克伦斯基披着革命的外衣，奉行着和资产阶级同样的政策，打着民主的幌子，煽动重新发动战争，并在军队里恢复了死刑。孟什维克和社会革命党拥护他，由资产阶级主办的报纸也一致主张发动对外战争。

7月1日，一个机枪营的几个代表来到布尔什维克党中央委员会的所在地（那时那里正在召开一个城市代表会议），说他们已经派代表到各部队去号召起义。布尔什维克认为起义的时机尚未成熟，不赞成在这时候发动起义。

7月16—17日，全城举行示威游行，有50多万工人和士兵参加。惊惶不安的资产阶级和一些反革命军官决定摧毁布尔什维克党。疯狂的诽谤开始了。次日，由阿列克辛斯基和一个叫叶尔摩兰科的海军少尉合署的一个声明出现在一份《活的言语报》的黄色的小报上，诬蔑列宁是在德国参谋本部指挥下的间谍，并且用同样的方式诬蔑其他布尔什维克。司法部长赶忙捏造了各式各样的伪证，以便有"权"来逮捕列宁。同时，克伦斯基从前线调回了反革命的军队和士官生队伍，逮捕、袭击、屠杀开始了，《真理报》的编辑部和印刷部被捣毁了，因为列宁当时不在编辑部，士官生没有抓到列宁。

翌日早晨，斯维尔德洛夫（最优秀的一位布尔什维克，党中央委员会书记，后来是中央执行委员会主席）来到列宁的住处，告诉他《真理报》办公处被捣毁的消息，并且坚持要求他必须马上隐匿起来。他把自己的雨衣披在列宁肩上，两个人悄悄地出去了。当天晚上，宽街的乌里扬诺夫寓所被袭击了，大群的武装士官生和士兵到处搜查，连篮子、箱子都被刺刀戳破了。特务机关的副头目仔细地检查了列宁的信函，当他看到士兵们从前线的来信表达了他们对列宁反临时政府的斗争的支持和感谢的时候，他露出了恶毒的表情。

7月19日，临时政府发布了通缉列宁和其他布尔什维克的命令。克舍辛斯卡娅宫被从前线调回的军队强占了，一些工人也被逮捕了。

7月24日晚上，斯大林来看列宁。当晚，列宁便同几个同志出发到车站，悄悄离开了彼得格勒。列宁安全地上了车的时候，斯大林站在月台上，装成与列宁素不相识的样子。离开彼得格勒之后，列宁乘车来到拉兹里夫，开始住在一个老革命工人农舍的一个干草棚子里，后来又决定搬到湖对面的草地上去。列宁在这里撰写了他的《国家与革命》，还写了一些文章和小册子，并且给来看他的同志作出指示，在这里指挥党的工作。

不管临时政府对布尔什维克所施加的压力有多大，中央委员会还是按期（7月末）召集了大会，在这次大会上，斯大林和斯维尔德洛夫严格地执行了列宁的路线。斯大林这时已经是列宁的左右手，他无论在平时，还是在会议上，都坚决执行着列宁的指示。他在大会上作了中央委员会的政治报告，并作了一个关于政治形势的报告。在七月事变到十月革命这段时期内，斯大林实际上主持着布尔什维克党的中央机关报，由于警察的迫害，它曾改用好几种名字：《工人和士兵报》、《无产者报》、《工人报》。六大动员所有党员将进行坚决的进攻，指出了积极准备武装起义的必要性。斯大林在大会上说："革命的和平时期已经结束，搏斗和爆发的时期已经来到。"

列宁在他隐匿的地方仔细注视着事件的过程，并且考虑了无产阶级夺取政权所必须采取的一切途径。他还进行了一次缜密分析：无产阶级胜利后，工人的国家应当怎样组织，以及无产阶级专政应该采取什么样的形式。他为此写了《国家与革命》（这书他在国外已经开始动笔）。在这书里，列宁根据马克思和恩格斯的学说，指明了无产阶级所需要的国家形式。他指出无产阶级不能利用资产阶级的国家机关来完成本阶级的任务，它必须粉碎资产阶级的国家机器。无产阶级专政是马克思学说的精髓。无产阶级在取得政权以后，应当建立一个直接建立在群众武装力量上的政权。无产阶级专政将帮助无产阶级去战胜剥削者的抵抗，并引导人民大众，首先是农民，来建设社会主义社会。

列宁的《国家与革命》是具有世界意义的。列宁进一步发展了马克思和恩格斯关于国家和无产阶级专政的学说。列宁揭穿了第二国际的领袖们所容许的、对马克思主义的歪曲，指明了建设苏维埃国家所走的正确道路。在无产阶级革命前夜，列宁用关于建立无产阶级苏维埃国家的战斗理论武装了无产阶级。他在多篇著作里用简明易懂的方式阐述了这一理论。

当时俄国国内的情况日益混乱，铁路运输已告停顿，许多城市发生了严重的粮荒，失业人数不断增加，临时政府公然倾向于反革命，在前线恢复了死刑，对工人和农民的改善待遇的要求，一件也没有接受。农民于是开始在许多地方夺取土地，临时政府派遣讨伐队伍去镇压他们，不满情绪在国内滋长着。

在彼得格勒、莫斯科以及其他城市的区议会和市议会的选举中，布尔什维克的拥护者当中有很多人当选，在首都的某些区里，他们甚至获得了绝大多数的选票。在彼得格勒和莫斯科的苏维埃选举中，布尔什维克也得到了大多数的选票。在其他许多城市里，布尔什维克也加强了在苏维埃里的影响。在彼得格勒、喀琅施塔得、莫斯科等地，赤卫军的队伍都组织起来了。列宁当时在芬兰，无法直接参加中央委员会的工作。为了不使他被发现，很少有同志去看他，于是他不得不用文章、信札、简短的谈话来传达他的指示。

列宁在给中央委员会和彼得格勒、莫斯科委员会的一封关于起义的信里说道："布尔什维克既然在两个首都的工兵代表苏维埃中取得多数，就能够而且必须夺取国家政权……多数人民是拥护我们的。"他提议党把在彼得格勒和莫斯科举行武装暴动的问题提到议事日程上来。他说："……毫无疑问，我们一定能取得胜利。"在另一封写给中央委员会的信里，列宁叙述了胜利的起义所应具备的条件，并指出一切先决条件已经具备。

正是在这些日子里，列宁撰写了一本名为《布尔什维克能保持国家政权吗？》的小册子。他在这个小册子里指出，无产阶级专政的国家将吸收千千万万的人民来参与治理国家的事务。"这个绝妙的方法就是吸收劳动者、吸收贫民参加管理国家的日常工作"。无产阶级的国家将受到工人和贫农的拥护，苏维埃政权的纲领将保证给予整个国家全体劳动者同情和支持。

列宁指出："俄国革命和全世界革命的成败，都取决于这两三天的斗争。"不久之后，列宁又写了一封信给正在参加北方区域苏维埃省代表大会的布尔什维克。他再三指出，拖延起义就是犯罪，再不允许拖延了，"海军、喀琅施塔得、维波尔格、列维里能够而且应当向彼得堡进军，打垮科尔尼洛夫军队，发动两个首都的群众，为立即给农民土地，立即提出和约的政权进行大规模的鼓动工作，推翻克伦斯基政府，建立这样的政权。拖延就是死亡"。列宁看到，不能恰当把握住起义的时机，就等于毁灭一切。他以充沛的精力、铁一般的决断和热诚的信念，团结了党的队伍，并准备进行一次决定性的战斗，坚持立刻发动武装起义。斯大林说过："克伦斯基统治时期给了劳动农民群众一个最大的实际教训，因为它明明白白地指出：在社会革命党人和孟什维克的政权下，国家是不能摆脱战争的，农民是既得不到土地，也得不到自由的；孟什维克和社会革命党人与立宪民主党人不同的地方只在于他们有甜蜜的演说和虚伪的诺言，而事实上他们所执行的还是那个帝国主义的立宪民主党的政策；只有苏维埃政权才是唯一能够引导国家走上大道的政权。"为了同指挥武装起义的领导取得更密切的联系，列宁在中央委员会同意之下，从他一直居住的维波尔格搬到了彼得格勒。这期间，只有极少数党的负责同志来见过他。最常来的是斯大林。

10月23日那天，在长时期的不得已的缺席之后，列宁参加了中央委员会的一次会议。10月29日，中央委员会和党的负责人召开了一个扩大会议。列宁在会上慷慨陈词，主张立即发动起义。列宁说："形势很清楚：或者是科尔尼洛夫专政，或者是无产阶级和农民的各贫苦阶层的专政。"农民是会跟着无产阶级的。季诺维也夫和加米涅夫又反对列宁，认为布尔什维克应该待机而动，不可冒险，因为没有适合于起义的武力和组织等。

11月6日，列宁写信给中央委员们，提议立即发动起义："无论如何必须在今晚逮捕政府人员，解除士官生的武装（如果他们抵抗，就消灭他们）。不能等待了！等待会丧失一切！一定要在今晚解决问题。政府正在动摇。必须不惜任何代价彻底击溃它！拖延发动就等于死亡。"在这个紧要关头，列宁充分展现了他作为群众领袖的才能，满怀信心地、英勇地决定发动战斗，明确地看到了革命的道路和方向。

斯大林谈到这段历史时说："在这样的情况下举行起义就是孤注一掷。但是列宁不怕冒险，因为他知道，因为他用洞察一切的目光看见：起义必不可免，起义一定会胜利，俄国的起义一定会准备好结束帝国主义战争的条件，俄国的起义一定会鼓舞西方受尽苦难的群众，俄国的起义一定会使帝国主义战争变为国内战争，起义的结果一定会成立苏维埃共和国，而苏维埃共和国一定会成为全世界革命运动的堡垒。"

11月6日，列宁稍稍化装，换了衣服，脸上绑了绷带，戴上一顶破帽子，决定搬到斯莫尔尼宫。在到斯莫尔尼宫去的路上，列宁不得不越过好几处岗哨，并且侥幸地躲过了士官生的一个巡逻队。因为他没有出入证，进斯莫尔尼宫时也曾遇到了困难。在斯莫尔尼宫，列宁迅即会见了斯大林，其他一些同志随后也都赶来了。那天临时政府下了一道命令，决定逮捕布尔什维克军事革命委员会的委员们。中央委员会根据列宁的指示，决定号召无产阶级发动起义。11月6日晚上，赤卫军的部队按照列宁的计划，开始占领火车站、电报局、电话局以及其他一些据点。

11月7日晚上大约11点钟，苏维埃大会开幕，这时彼得格勒的斗争正在进入最后阶段：炮轰冬宫，孟什维克、崩得分子、右派社会革命党人看清他们已经是无足轻重的少数，于是退出了大会。布尔什维克之外，唯一留在大会里的是左派社会革命党人。当天深夜，冬宫被攻克，临时政府人员被逮捕的消息传到了大会，士兵的代表前来报告说，克伦斯基调来镇压彼得格勒的军队，已经转到革命方面。

十月革命胜利了，第二次俄国革命取得了完满的成功。

第五节　建立并巩固苏维埃政权

1917年11月7日夜里，列宁通宵紧张工作，指挥战斗，听取城市各区的报告，规划了要在第二天实行的紧急措施，还起草了土地法令。次日，列宁几乎全力贯注于保卫彼得格勒的问题，反革命者们是不甘心失败的，士官生、哥萨克和个别的部队仍然企图反抗无产阶级的革命。

11月8日晚上9点，苏维埃大会的具有历史意义的晚间会议开始举行，大会以长时间的欢呼来欢迎无产阶级革命领袖列宁。列宁的演说首先谈到的就是和平问题，他建议向所有同盟国方面的人民和政府发出呼吁，立即举行会议，谈判"公正的民主和约"，不要割地，也不要赔款。这个呼吁建议停止对外战争，宣称苏维埃政府将公布沙皇政府以及临时政府同西欧帝国主义国家订立的秘密条约。最终，大会一致通过了这一呼吁。此外土地问题也是一个重要的问题，列宁提出必须没收地主的土地，以此表示工人政府是帮助农民的，是无产阶级和贫农的同盟。列宁列举了下列几项任务：土地必须立即交给农民，地主的所有权必须取消。列宁颁布了土地法令，包括根据242份地方农民委托书而拟定的农民委托书，土地法令永远取消了地主对土地的所有权，土地将置于乡土地委员会和县农民代表苏维埃的支配之下；土地不得买卖，一切土地是全体人民的财产，完全供劳动者使用；使用先进耕作方法的土地将由国家管理，改为示范农场。列宁的演说博得了热烈的掌声。

在大会举行前的那一天，列宁主持了有关组织新政府的讨论。列宁建议左派社会革命党人加入政府。这是因为左派社会革命党人受到了一些农民苏维埃的拥护；因为他们承认了苏维埃政权，尽管还是不彻底的；因为他们在某些问题上是赞同布尔什维克的。列宁认为使他们加入政府是很重要的，这样可以在更有组织的情况下影响他们，领导他们，但立场不坚定的左派社会革命党人拒绝了列宁的提议。最后大会批准建立新政府——以列宁为首的人民委员会，斯大林被任命为民族人民委员。除了以上所讲，列宁还把施行布尔什维克的民族政策的重任放在了自己肩上，列宁因事不能出席人民委员会时，就由斯大林代替他。

当时，克伦斯基召集了彼得格勒附近的军队，占领了加特契纳。新政府必须尽最大的力量去保卫无产阶级的政权，列宁亲自领导苏维埃赤卫军，与克伦斯基展开了坚决的斗争。列宁和斯大林到军区司令部，召集了负责军事指挥的同志，听取关于军事形势的详细报告。波德沃依斯基回忆当时的情形说："我提出一个问题：这次前来是什么意思呢，是因为对我们缺乏信心，还是什么其他缘故呢。对于这问题，列宁坦白而坚定地回答说：'不是没有信心，而只是因为工农的政府希望知道它的军事当局正在怎样地进行工作。'那时我第一次感到，我们已经有了一个专政，我们已有了一个强大的、坚定的工人政府。"

列宁召集了工厂的代表到他在斯莫尔尼官的办公室去，指示每一个工厂在保卫工作中能做些什么事情；他发布了动员工人，号召每个人都参加保卫工作。列宁召集了波罗的海舰队的代表，缜密地确定了哪些船只可以用来保卫彼得格勒，它们应当停泊在什么地方。他要代表在地图上指给他看，沿岸的哪些地方是在船上发炮可以打到的，发出了关于海军应如何行动的指令，要求把喀琅施塔得的海军士兵再调一队来，加强海上防务。几天之内，彼得格勒周围克伦斯基的军队就被打败了。由于善于使用一切力量，列宁取得了无产阶级革命的胜利。

在世界历史上，一个新的时代已经开始了。无产阶级已经胜利了，无产阶级专政的政府已经建立起来了。

苏维埃政府成立初期，除了颁布了主要的法令（关于土地的、关于和平的、关于成立苏维埃政府的）之外，还颁布了列宁草拟的关于工人监督生产的法令，授权被推选出来的工人和雇员的代表去监督他们企业中的一切事务，不让这些企业有停工或关闭的情形发生。就这样，工人阶级在接管生产的道路上迈出了第一步。

11月11日，在冬宫被占领之后因宣誓投靠新政府而被释放的士官生叛变了。在莫斯科，战争仍继续在进行。

在针对本次叛变事件而写的一份《告全体劳动者书》中，列宁指出某些党员"在资产阶级进攻的面前动摇了，从我们的队伍中逃跑了。整个资产阶级及其所有帮凶都因此而欢天喜地，幸灾乐祸，高喊布尔什维克政府已经瓦解，预言布尔什维克政府必将覆灭"。列宁特别指出，甚至在起义以前，加米涅夫和季诺维也夫就曾企图破坏无产阶级的起义，变成了逃兵和工贼。而今，他们是又一次和资产阶级站到一起，反对无产阶级的国家。他指出，这些逃兵并不能破坏群众的团结。"在彼得格勒、莫斯科及其他各地的工人和士兵群众中没有发生丝毫动摇"。

经过一段时间的犹豫以后，左派社会革命党人加入了人民委员会，但他们的立场还很不坚定，今天赞成苏维埃政权，明天又倒向孟什维克。列宁一直想影响左派社会革命党人中一些比较激进的分子，希望通过他们使追随着左派社会革命党的那部分农民站到布尔什维克主义这方面来。尽快结束对外战争，列宁命令总司令杜鹤宁将军立刻举行停战谈判，但大本营不执行命令。列宁和斯大林直接与杜鹤宁通电话，并且用政府的名义罢免他的职务，派克雷连柯代替了他的职位。列宁越过将军们向士兵们呼吁，立刻进行停战谈判，宣称："和平事业掌握在你们手里！"11月27日，德国人同意停战，一个苏维埃代表团被派到前线进行和谈，反革命的大本营立即解散了，并宣告休战。

和谈期间，孟什维克、社会革命党人、各资产阶级政党、反革命将军和军官、投机商人和怠工者全力反对苏维埃政府。列宁指示革命军事委员会，要实施激烈手段，消除投机和怠工事件。到12月底，政府下令组织一个以捷尔任斯基为首的全俄肃清反革命分子和怠工分子非常委员会，宣布必须采取各种办法，迅速消灭沙皇政权的一切残余，以及资产阶级和地主的一切帮手，摧毁旧秩序，建立新秩序。

列宁拟定了许多具有历史意义的法令，比如斯大林签署的一个宣言宣布，俄国一切民族一律平等，并享有自决权，其中包括退盟和建立独立国家的自决权。此外，把人民分成不同等级的制度被取消了，等级制度被废除了，有产阶级的全部头衔和特权也都一并被废除了。列宁成立了一个最高经济委员会主持国民经济，这个委员会就是后来的最高国民经济委员会，它取消了城市不动产（土地、房屋）的私有权，实行了疾病津贴和失业保险制度，还对银行实行了国有化。

在斯大林的密切合作下，列宁起草了《被剥削劳动人民权利宣言》，宣言指出：苏维埃俄罗斯共和国是建立在自由民族的自由联盟的原则上的各苏维埃民族共和国联邦。共和国的基本任务是"消灭一切人剥削人的现象，完全消除社会的阶级划分，无情地镇压剥削者反抗，建立社会主义的社会组织，使社会主义在所有国家获得胜利……实行劳动者武装，建立社会主义工农红军，解除有产阶级的全部武装……任何政权机关都不能有剥削者插足的余地。政权应该完全地、绝对地属于劳动群众"。

通过使用所有劳动群众都通晓的文字，列宁阐明了社会主义的原则。列宁认为，他们现在已开始为自己工作了，无产阶级和一切劳动者将能在进取心、群众竞赛和革命创造性等方面大显身手了。人民中蕴藏着许许多多有组织才能的人，"不过他们都被埋没了，必须帮助他们发挥才能，只有在他们的支持下才能拯救俄国，拯救社会主义事业"。列宁与以前一样，同工人群众保持着密切的联系，认为必须更加大胆地把新人引导到工作岗位上去。他经常在大会和群众集会上演说，来阐述这个观点。

克鲁普斯卡娅追述列宁在除夕所作的一次演说时说："我们是晚上十一点半到会的。米海洛夫斯基学院的宽大的'白'厅好像一所马术学校。伊里奇在工人的热烈欢迎中登上讲台。台下的气氛激起了他的热情。他虽然说的是极平常的话，没有用什么动听的和惊叹的语句，但是他的话却都是新近一直在他头脑中考虑的事情；他说到工人们必须怎样通过苏维埃，按照新的方式去组织他们的全部生活。他还指出，那些到前线工作的同志必须怎样在士兵中开展工作。说完了，大家报以热诚的掌声。当时跑上来四个工人，抓住他座位的四只脚，连人带椅子举了起来，抬着他走。"

新政府成立后，工人和农民的代表团，各省来的党的工作人员，士兵和水手的代表都到斯莫尔尼宫来看望列宁。他细心地接待他们，给他们指示，并且把苏维埃的法令解释给他们听，普梯洛夫工厂的同志追忆和列宁聚会的情景时说，列宁向他们的代表团提出了两个问题。第一个问题是："你们能给我们多少枪支？"因为那时候内战临近了；第二个问题是"你们那里的情况怎样？工人们抢东西、偷东西吗？工人阶级现在必须执行这两个任务：合理地组织生产和执行无产阶级的劳动纪律。你们了解了吗，同志们？"当时有一个代表回答说："发生过个别的偷窃事件。"列宁就责备他们："记着，同志们，无论如何要消除这种情况。"

在一个冶金厂的工人的回忆中列宁是这样在斯莫尔尼宫里接见他们的代表团的："当我们走进会客室时，列宁还没有到。我们正摘帽子时他进来了。他向我们打招呼，给我们搬椅子。我说：'我们自己会搬的，列宁。'但他还是搬给了我一把椅子，说'坐吧，坐吧。'我们坐下了，就开始把工厂里的情况简要地谈了一下。他止住我们说：'你们当中谁是工厂工长委员会的主席？'我答应了。'好的，就请你告诉我，拉谢启尼科夫，你们工厂里工人群众的情况怎样？你在他们当中有威信吗？工人都信服你吗？'我回答说我们工厂是靠得住的。我们向他汇报了10至

15分钟。"

列宁就是这样同工人群众保持密切联系，并且认真研究他们的情况的。

1918年1月14日，发生了第一起谋刺列宁的事件。这天，列宁去米海洛夫斯基马术学校向一个正要开赴前线的队伍发表了一场演说，在返回的路上，一群反革命的恐怖分子袭击他的车子，坐在列宁身旁的普拉廷抱住了列宁的头倒向一边，避开了枪弹，列宁因此幸运地躲开了这次暗杀。

1917年12月，列宁草拟了召开立宪会议的政策。布尔什维克早就主张召开立宪会议。这一主张记载在布尔什维克的旧政纲之内，早在1903年的第二次党代表大会上，列宁和普列汉诺夫就提出了这样一个主张，但同时也声明假如立宪会议确是反革命的，无产阶级政府必须解散立宪会议。列宁在1917年4月就曾指出，苏维埃共和国与控制着立宪会议的资产阶级共和国相比，是一种更高级的民主政治。列宁主张召开立宪会议，但给他们下了一个最后通牒，即他们要承认苏维埃政府和十月革命的全部法令，倘若它拒绝照办，会议就得解散。为了消除群众对立宪会议的幻想，列宁必须让他们亲身感受到：立宪会议是反革命的，是不会满足人民对土地、和平的要求的。

立宪会议于1月18日在斯维尔德洛夫主持下开幕了，他在会上宣读了列宁的《被剥削劳动人民权利宣言》，社会革命党人凭借占据多数的优势，选举切尔诺夫担任主席。宣读这个声明之后，布尔什维克退出了立宪会议，当晚，卫士们要求那些还留在会议里的孟什维克和社会革命党人离开会场。

次日，全俄中央执行委员会通过了列宁所提出的有关解散立宪会议的决议。这个"行尸走肉"的会议、切尔诺夫称之为"俄国各民族最重要的结合"的会议就这样草草地收场了。反革命分子想以立宪会议为中心来反对新政府的企图失败了。但在随后的多年中，反革命分子仍继续玩弄"立宪会议"的字眼，不断煽动他们的队伍反对苏维埃。

在几周之内，新政权就消灭了地主的土地私有权、社会地位的区分和男女间的不平等，分离了宗教权与政权，消除了民族压迫，结束了对外战争，建立了工人对生产的管理，将银行归于国有，粉碎了旧的国家机构，列宁在谈到这一时期的成就时说："我们把资产阶级民主革命的问题，作为我们主要的和真正的无产阶级革命的、社会主义工作的'副产品'顺便解决了。"

俄国无产阶级十月革命的胜利具有世界意义，它是人类历史上一个新时代的开端，人类正开始从旧世界、从资本主义走入了社会主义的新世界。十月革命第一次使劳动者在斗争的组织和方法上，在文化、生活和思想上，发生了根本的改变。无产阶级第一次取得政权后，揭开了一个新的时代，即无产阶级革命的时代，十月革命对帝国主义在殖民地和其他被压迫国家里的统治也是一个打击。

十月革命威胁到了资本主义的存在。十月革命后，列宁先是住在彼得格勒，后来迁到了莫斯科。因为工作需要他很少有机会离开这两个城市，但他极其关心全国劳动人民的需要与要求，他清楚地了解苏维埃边境地区工人、农民与各民族的生活条件，他懂得他们内心深处的思想，所以当他指出党所应该采取的路线时，他知道怎样发动群众。在列宁从事革命活动的最初几年，他就已经拟出了一个正确的建党方针，认识到，倘若孟什维克关于党组织的建议得以通过，就会使工人阶级成为资产阶级的附庸。

毫不妥协地保卫马克思主义，百折不挠、果断和坚持不懈地为马克思主义的观点而斗争；组织上的团结，铁的纪律与战斗的热情——这些都是布尔什维克主义从一开始就具有的特征。在列宁领导下，布尔什维克党经历了三次革命，最终在十月革命中取得了胜利，它受过严重的挫折，也取得过胜利，它在列宁的坚强领导下，在这些革命斗争中百炼成钢，无产阶级的胜利是在列宁主义，即无产阶级革命时代的马克思主义的旗帜下完成的。无产阶级十月革命的胜利标志着列宁主义战胜了社会民主党的思想，使马克思和列宁关于无产阶级专政的思想成为活生生的现实，社会主义可能在一国取得胜利的理论已经变成了现实，列宁主义取得优势的时代已经开始了。

第四章　成熟领袖的勇敢实践

第一节　社会主义的初步尝试

轰轰烈烈的十月革命之后，列宁开始领导俄国人民进行社会主义的建设。对于新生政权建立社会主义的尝试，我们首先注意到的是建立这个政权的领袖。列宁的特点是什么？当人们提到他的名字时，我们能想到的是什么？就事业而言，首先想到的无疑是"十月革命"；就思想而言，我们想到的是他对阶级和阶级斗争的高度重视。我们可以说，阶级和阶级斗争贯穿了列宁的一生，我们甚至可以说，列宁的阶级斗争成就了列宁其人，因为他坚定地认为，"没有革命的理论，就不会有革命的运动"。我们从列宁作为成熟领袖的勇敢实践中发现，列宁作为一个具有高度理论修养的革命家，始终在自觉地以革命理论来指导自己的革命实践，自觉地以实践来修正自己的理论。

在1917年的十月革命中，列宁坚定地把马克思主义的建党和夺权理论付诸实践，并取得了十月革命的胜利。十月革命的胜利具有重大的理论意义：既是对马克思理论的确证，也是对列宁革命真理的确证；马克思的理论和列宁的革命认识在历史的实践中达到了具体的历史的统一。但是，作为无产阶级革命导师，列宁并没有止步于革命的理论和实践，而是进一步将理论和实践的触角伸到了社会主义建设的广阔舞台上。从实践上看，苏俄的社会主义建设推动了列宁理论的发展和创新；从理论上看，列宁理论的创新推动了苏俄的社会主义建设。到了1923年，列宁形成了关于如何建设社会主义、如何推进世界革命的问题的基本观点，列宁的思想发展成了较为成熟的思想体系。

社会主义的建设是列宁一生重要的事业，他的主要功绩就在于成功地实现了马克思主义普遍原理与俄国实际的结合，开创了一条符合俄国国情的社会主义建设道路。列宁主张"先夺取政权，创造条件"，不强调创造条件的重要性，社会主义事业就不会有可靠的基础，就失去了科学性。这是列宁为俄国革命的发展找到的独树一帜的道路。

与此同时，列宁高度重视政权的建设问题，认为政权的建设是保证社会主义建设成功的必备环节，而保证手中的政权不丧失是一切社会主义国家执政的共产党关心的首要问题。从政权的丧失维度看，丢掉政权的情况有两种：其一是敌人公开地把共产党赶下台；其二是共产党本身发生蜕变。列宁在世时，政权丧失的危险主要来源于旧传统、旧习惯、旧思想的影响，列宁成功地镇压了国内国外的反动势力，成功地维护了社会主义的政权，并在经济建设和政治建设方面取得了卓越的成就。列宁晚年所思考的是丢失政权的第二种可能性，也就是共产党自身生发的毁灭性力量。列宁逝世后，俄国的社会主义建设逐渐走入了死角，并最终导致了苏联社会主义的解体。

一、建立先进的工人政党

从当时的历史条件看，俄国是一个落后的封建专制大国，而共产党的建党原则是民主集中制，这是列宁在俄国建党的一大障碍。列宁在建党的时候，就强调集中制和组织的严格纪律性是建党的核心，要建立一个革命家组织，就必须要求党员积极参加组织生活并坚决地服从党的纪律。列宁的这种思想在社会主义建设时期表现得尤为明显：1920年，俄国社会进入和平建设时期的时候，列宁提出了"工人民主制"的思想并将其付诸实践。十月革命后，列宁坚持实行党代表大会年会制，从1918到1925年，每年都召开一次党的代表大会，重大决策都在代表大会上作出，党中央内部的不同意见可以在代表大会上提出，并另作一个副报告来反对正报告。

从几个实例中，我们可以窥见列宁建党实践的宗旨和意向。1920年列宁建立了中央监察委员会，它与中央委员会平行，专门监督中央委员会，这能有效避免中央委员特别是总书记滥用权力。俄共（布）当初设总书记是为了实行党政的分离，即总书记不在政府兼职或专职管党的建设工作。但是随着历史的发展，建党的宗旨和意向渐渐偏离了初衷，问题逐渐显露：由于党中央没有设主席一职，在1924年列宁逝世以后，总书记为了独揽大权，使总书记一职成了共产党中央的最高领导；到了1941年，斯大林将党、政、军权集一身，并实行个人集权制、职务终身制和指定接班人制。从历史的发展看，这"三制"显然是沙皇封建主义君主专制制度渗透到社会主义政治体制中的，这种"后遗症"留下了严重后患，给国际共运造成了深重的消极影响。

二、由党领导群众夺取政权

在革命道路的认识上，列宁主张党要领导群众夺取政权，并采用合法斗争与武装斗争相结合的办法，在和平过渡无望的情况下，就要举行城市武装起义。他认为，俄国的革命道路是先要进行民主革命，然后进行社会主义革命；在夺取政权以后，要经历一个无产阶级专政的过渡时期，在过渡时期要重视发展科学技术和生产力。列宁坚持了1871年巴黎公社实行的革命原则：民主选举产生领导干部，反对官员特权。强调"无产阶级专政是直接凭借暴力而不受任何法律约束的政权"，拒绝成立"清一色的社会主义政府"。可以看到，列宁将西方社会党、社会民主党视为资产阶级代理人和无产阶级前进道路上的障碍物和绊脚石，认为他们背离了马克思主义理论和政党政治常规。

马克思、恩格斯在《共产党宣言》中明确主张共产党要联合其他工人政党和小资产阶级政党。在西方资本主义国家，政党政治的常规是多党制，多党制又可细分为三种模式：第一种是一党独大，即一党长期执政，如日本自民党；第二种是两党双大，两党轮流执政，如英国、美国；第三种是各党都不大，多党联合执政，如法国、意大利。而共产党领导的多党合作制是一种超越资本主义政治文明的新型社会主义多党制，这从共产党的政治活动可以看出：从1917年12月起，苏俄实行布尔什维克党领导的、与左派社会革命党合作执政的制度；1918年春，苏俄实行俄共（布）领导并与俄国民粹主义共产党和俄国革命共产党联合执政的制度。可惜的是，这种合作未能坚持到底，因为这两个小共产党很快就被合并到了俄共（布）中。如果他们能够单独保存下来，与俄共（布）长期合作，这样对巩固工农联盟是大有好处的。

三、依靠工农政权开展社会主义建设

列宁借用俄国工农创造的苏维埃政权，探索出了一条在经济文化落后的国家进行社会主义革命和建设的道路，这在世界历史上是史无前例的。列宁认为，苏维埃政权就是1871年巴黎公社工人革命政权的再现，是无产阶级革命的伟大尝试。列宁将苏维埃上升为国家最高权力机关，并依靠这个最高权力机关来实现社会主义和共产主义。列宁总结了巴黎公社废除常备军的经验教训，在资本主义列强包围之下建立了一支常备军以保卫社会主义国家，并取得了较大的成就，成功地推进了社会主义建设，也正是在这个意义上，列宁被誉为无产阶级革命的伟大导师是名副其实的。

从社会状况上看，俄国是一个农民占多数的国家，所以俄国的无产阶级政权建设必须以工人阶级为领导、以工农联盟为基础，而列宁的政权建设思路恰恰符合了俄国的国情、党情和民情，在工农联盟的基础上实现了国体的创新。同时，俄国又是一个俄罗斯民族不占多数的多民族的国家，所以俄国的社会主义政权必须团结各族人民，实行各民族共同发展的政策。在政权的建设上，列宁做到了把马克思主义理论与俄国的具体国情相结合，遵循了实事求是的理论原则和实践道路。从政治与经济的辩证关系看，社会主义政权的稳定是社会主义建设的政治保证，而列宁的政权建设为经济的建设奠定了坚实的政治基础。

在社会主义建设方面，列宁开辟了一条在落后国家实现社会主义现代化的新路，即"共产主义就是苏维埃政权加全国电气化"。列宁认为，社会主义必须建立在生产力发展的基础上，因而有必要将苏维埃政权与先进的生产力相联系，积极促进经济的发展和生产力的进步。他主张在落后国家应该通过国家资本主义逐步过渡到社会主义，在农村通过合作化来逐步实现社会主义公有制。在实践上，列宁主张通过新经济政策来逐步通往社会主义，这一政策取得了良好的社会效益。这些政策的创新都是对马克思主义的新发展，丰富了马克思主义的理论内涵和实践内容。

但是列宁在社会主义建设中也犯了过左、过急的错误，如1918年—1920年把在战争环境下采取的战时共产主义政策凝固化、普遍化，取消货币，采取粮食征集制，实行实物平均分配，错误地以为用战时共产主义就可以一步到位地实现共产主义。但幸运的是，列宁在1921年改正了这个错误，转而实行新经济政策，部分地恢复了商品市场经济和私人资本主义。这种政策"以市场为基础"，通过竞争加速发展生产力，逐步发展到社会主义，取得了帮助战胜危机的良好效果。但不幸的是，列宁逝世后，斯大林在1929年提前结束新经济政策，开展全盘农业集体化，使得经济的发展逐渐畸形化，使社会主义的建设渐渐走入了死角。

第二节　战时共产主义的实施

战时共产主义政策的实行是列宁进行社会主义建设的第二

部分，这种政策又叫作军事共产主义政策，实行于1918年至1920年，其基本内容是把一切工矿企业收归国有；取消企业的经济核算，原料供应和产品销售由国家统一负责；取消商品交换，实行余粮征集制；"不劳动者不得食"，推行义务劳动。当1921年初决定实行新经济政策时，列宁说："我们为热情浪潮所鼓励，我们首先激发了人民的一般政治热情，然后又激发了他们的军事热情，我们曾计划依靠这种热情直接实现与一般政治任务和军事任务同样伟大的经济任务。我们计划用无产阶级国家直接下命令的办法在一个小农国家里按共产主义原则来调整国家的产品生产和分配。现实生活说明我们错了。"列宁领导的苏维埃俄国从1918年6月起逐步推行战时共产主义，1921年3月完全终止，历时近三年之久。事实告诉人们，苏俄在推行战时共产主义的过程中，由于形势的变化，各项政策在实施范围、宽严程度以及所起作用等方面，前后是不一样的，整个过程呈现出两个不同的阶段。

从1918年6月到至1919年底，是战时共产主义的前期，即战时共产主义政策的推行期，主要目的是适应战争需要。1918年夏天，协约国帝国主义者勾结俄国的反革命势力，向苏维埃共和国发动了大规模武装进攻，年轻的共和国被敌人的炮火包围了，同外界的一切联系被隔绝了，经济遭到了严重破坏，燃料、原料、粮食极端缺乏，危机十分严重。这时，为了动员全国一切人力、物力和财力战胜敌人，保卫无产阶级政权，列宁向全国发出"一切为了胜利"、"一切为了战争"的伟大号召。1918年9月2日，全俄中央执行委员会宣布全国进入战争状态，并于10月30日成立了以列宁为首的工农国防委员会，负责动员全国一切力量用于战争，将国家纳入到了战时轨道，宣布进一步加强集中制和纪律。这标志着苏维埃共和国已全面进入战争状态。为了适应这种紧急形势的需要，苏维埃政府在经济领域采取了一系列非常措施。

在工业方面，1918年6月28日，人民委员会颁布了大企业国有化的法令，规定纺织业中拥有资本20万卢布以上的企业，制革、玻璃、陶瓷等部门拥有资本50万卢布以上的企业，矿山、冶金、金属加工、铁路等部门拥有资本100万卢布以上的企业，统统收归国有。到1918年底，大工业国有化基本完成，国家掌握了3000多个大企业，其中大半为重工业。在贸易方面，继1918年5月实行粮食专卖法令后，11月21日，人民委员会又公布了《关于组织居民各种食品、个人消费品和家用物资供应》的法令，规定由国营商店和合作社分配站有计划地展开为居民提供供应的工作以取代私人商业网，一切个人消费品和家用物品的采购皆由粮食人民委员部办理。10月26日，最高国民经济委员全和粮食人民委员部宣布，食盐、糖、茶、布匹、肥皂、火柴等几种主要日用必需品由国家专营，禁止私人买卖。在农业方面，1918年10月，全俄中央执行委员会通过了《关于向农业经营者征收农产品实物税》的法令，因收效不大，1919年1月11日，人民委员会颁布了余粮收集制的法令，规定在产粮省份收集余粮和饲料，目的是"为了紧急供应红军和缺粮地区需要的粮食"，征调办法是由粮食人民委员部确定应征总数，摊派到各省，再派到县、乡、村、农户；每个农民除了留下必需的口粮、饲料、种子以外，其余按规定价格全部交给国家，国家付货币购买；3月1日前完成任务的70%，6月15日前全部交清，违犯者给以严惩，或者没收其财产、存粮，或者逮捕法办；在执行这一政策时，政府还组织了"余粮征集队"。在劳动和分配方面，1918年10月5日，人民委员会宣布实施1918年俄罗斯苏维埃联邦社会主义共和国宪法所规定的普遍劳动义务制，实行"不劳动者不得食"的原则，规定一切有劳动能力的人都必须参加体力劳动，否则不给口粮。口粮实行配给制，分类定量供应。居民所需要的工业品，"根据阶级和生产的规则，即根据公民的社会地位及其参加社会劳动的情况，由他们按固定价格凭证购买，或者领取"。

以上就是战时共产主义的详细内容，无疑这些都是用强制手段采取的极端措施，目的是把一些主要产品的生产和分配集中在国家手里，以保证战争的急需。至于向社会主义过渡，建设社会主义，虽然俄共有"纲领"、有"设想"，但在实践上根本无法顾及，关于这一点，列宁后来多次指出过。他说，1918年—1919年我们处在极端贫困的境地，当时没有人能去考虑为期一年的储备或分配问题，而只能考虑两三个星期的储备和分配问题，往后只好"等着瞧"。又说："过去我们的全部经济，不论是就整个来说，还是就各个部分来说，都是贯穿着战时的原则的。""过去我们在战争的重压下，不能集中精力考虑怎样处理无产阶级国家政权同小农之间的经济关系。"可见，列宁推行战时共产主义的初衷主要是立足于战争的需要，这些措施应随着战事的缩小、结束而逐渐停止，但是，实际情况却不然，战时共产主义被推进到了一个新阶段。

战时共产主义的第二阶段是从1920年到1921年初，这是战时共产主义的后期，即各项政策日益强化、扩大的时期，主要目的是为了经济的恢复和建设的需要。到1919年底，苏维埃人民粉碎了高尔察克和邓尼金的两次重点进攻，取得了国内战争的决定性胜利。列宁此时认为，"战争的任务基本解决了"，虽然"不能削弱自己的军事力量，但同时必须把推进苏维埃政权机器由全力从事战争的轨道转上和平经济建设的新轨道"。1920年3月，俄共举行的第九次代表大会，拟订了经济恢复和经济建设的规划，并宣布"现在的任务是要把无产阶级所能集中的一切力量，把无产阶级的绝对统一的力量都投到经济建设的和平任务上去，都投到恢复被破坏了的生产的任务上去"。为了这种新的需要，战时共产主义在实践上发展到一个新阶段，扩大了各项政策的范围，执行得更加严厉了。余粮收集制本来在1919年下半年就仅限于肉类，但是到1920年又被扩大到了整个经济领域，这就造成农业生产大幅度下降，粮食十分缺乏，人民产生了不满情绪，罢工、暴动事件不断发生。面对这种紧张形势，俄共第十次代表大会当机立断，宣布停止战时共产主义，转而采取新经济政策。

新经济政策从根本上不同于战时共产主义，它改余粮收集制为征收粮食税，允许自由贸易，实行国家资本主义，这是俄共政策路线的巨大转变。列宁也深深认识到了错误的严重后果："现实生活说明我们犯了错误。"他根据具体事实指出了两个问题。第一，战时共产主义没有提高生产力。列宁说："由于我们企图过渡到共产主义，到1921年春天我们就在经济战线上遭受了严重的失败。这次失败表现在，我们上层制订的经济政策是和下层脱离的，这一政策没有造成生产力的提高。"第二，战时共产主义的错误激起人们的不满。列宁说："到1921年，我们遭到了俄国内部最大的政治危机，这个危机不仅引起相当大的一部分农民的不满，而且引起了工人的不满。当时广大的农民群众在情绪上不是自觉地而是本能地反对我们的，这种特殊的、对于我们自然也是极不愉快的情况是由什么引起的呢？是因为我们在经济进攻中前进得太远了。"此外，列宁还分析了犯错误的主客观原因，总结了指导思想上的教训，从而找到了在小农经济占优势的俄国建设社会主义的正确途径。

由此可见，1921年秋天以后，列宁对战时共产主义错误的分析更加具体、深刻了。战时共产主义的各项政策就其本身说是临时性的，因为它是在战争的特殊环境里，用强制性的手段推行的极端措施。当时俄国共产党人却不是这样看的，他们把这些措施看作实现向社会主义直接过渡的途径和方法，这当然是错误的。就战时共产主义的作用而言，它具有两重性。一方面，由于这些措施产生于战争环境，不管人们的主观认识如何，满足战争需要成了压倒一切的任务，战时共产主义使国家集中了人力物力，保证了战争的胜利，这一伟大历史作用是不容抹煞的。另一方面，由于人们企图借助这些措施实现向社会主义的过渡，最后造成了严重后果，引起人民的强烈不满和生产力下降。对这个问题的研究可以使人们懂得：任何一项革命措施的产生都有其特定的历史条件，"对于一个真正的革命家来说，最大的危险，甚至也许是唯一的危险，就是夸大革命性，忘记适当地和有成效地运用革命方法的限度和条件"。

第三节　新经济政策的探索

战时共产主义的扩大化使社会主义事业遭受了重大的挫折，其中最具代表性的，是1921年2月发生的喀琅施塔得要塞水兵暴动。暴动的水兵提出"建立没有布尔什维克的苏维埃"的口号，明确向列宁所建设的政权发出挑战。暴动虽然很快被平息了，但它使列宁认识到"必须立刻采取迅速的、最坚决的、最紧急的办法来改善农民的生活状况和提高他们的生产力"。新经济政策由此产生，它的实质是向资产阶级和资本主义让步。内容包括发展商品货币关系；引进外资，把小企业交还资本家；用粮食税取代余粮征集制；开展广泛的经济核算。采取新经济政策之后的一年时间里，无产阶级掌握了所有关键部门并在国内保持了领导地位。向新经济政策转变的行为，是对脱离实际的战时共产主义极端政策的直接否定。

在实行新经济政策的背景下，进行政治建设和文化建设的任务也变得十分紧迫。列宁在1922年3月工人代表大会上的演说中指出，必须对官僚政治与官僚习气进行坚决斗争。同年列宁在关于国防委员会、人民委员会与小人民委员会的工作的指示草案中说："当前的首要任务不是发指令，不是改组，而是挑选人才；建立各项工作的个人负责制；检查实际工作。否则便无法摆脱窒息着我们的官僚主义和拖拉作风。"在这几个月里，列宁还时常考虑文化与文化革命的问题。他强调要提高群众的文化水平，在争取文化的斗争中，消灭文盲是起点，"文盲是站在政治之外的，必须先教他们识字"。

同时，列宁强烈地抨击认为无产阶级文化要经过特殊组织、用实验室的办法才能建立起来的"无产阶级文化派"的观点。根据列宁的理论，无产阶级文化是劳动群众自己创造出来的，他们批判地吸收了资产阶级文化的全部遗产并加以改造。因而，文化问题不能够像政治与军事问题那样迅速地加以解决，无产阶级只有吸收了以往的先进文化，才能建立起它自己的社会主义新文化。他认为，群众的文化觉醒是文化革命能否成功最重要的条件，进而指出，真正的艺术必须扎根于劳苦大众之中。因而，他对那些能够广泛地影响群众的艺术形象赞赏和推崇。

列宁再三督促教育人民委员部在莫斯科、列宁格勒和其他城市为著名的革命家、作家与科学家建立纪念碑，认为这些纪念碑能使广大群众熟悉伟大的文化人物。另外，列宁积极增加学校与图书馆的数量。因为只有提高群众的文化水平，科学、艺术和技术才能顺利发展，文化的软实力才能间接地推动经济的发展。

列宁还指出，为了恢复国民经济，可以准许外国资本家在某些企业中获得租让权。如果能从资本主义国家得到机器设备，用黄金和租让权去偿付资本家也是值得的。

关于苏维埃政府的外交政策，列宁指出："我们所以能够支持下来，能够战胜受到我国白卫分子支持的空前强大的协约国列强联盟，只是因为这些强国之间没有任何的团结。"列宁说，苏维埃的政策是利用帝国主义列强间因经济利益而产生的矛盾，阻止或延缓他们建立反对苏维埃共和国的同盟。列宁说，德国政府痛恨布尔什维克，但是为了经济利益它愿意与苏维埃共和国媾和。利用好这些矛盾，苏维埃共和国将能同外国进行贸易，能够同他们缔结和约。1920年—1921年，在列宁领导下，苏维埃共和国事实上同英国、爱沙尼亚、拉脱维亚、芬兰、瑞典等国建立了外交关系并打破了经济封锁。

在党的十大筹备期间（1921年3月），列宁拟定了断然改变国家经济政策的措施，决定同农民和解，在重新组织力量的基础上，对国内资本主义分子发动新的进攻。新经济政策使经济命脉仍然掌握在无产阶级手里，只是在某些条件下，允许资本主义成分在经济中存在，同时又对它们加以限制，并准备消灭它们。这是为了保证社会主义经济成分的巩固和资本主义成分的消除，从而建立社会主义的经济基础，保证社会主义能够最终战胜资本主义。

在列宁提出新经济政策计划时，有人利用派别斗争来反对列宁、反对布尔什维克党，而且挑起了派别斗争。鉴于施略普尼柯夫之流的追随者在讨论工会问题时挑起了派别斗争，大会通过了列宁起草的关于党的统一的特别决议。决议禁止一切派别活动，解散了一切派别与集团，并作出决定，凡党员进行派别活动的立即开除党籍。在列宁的领导下，党胜利地实施了一些复杂的经济和政治措施（实行粮食税、复员军队、清剿盗匪、发展贸易）。列宁以劳动国防委员会的名义，发出详细的指示给地方苏维埃组织，指导它们怎样发展地方经济，怎样同农民进行贸易，怎样发展工农业，怎样同官僚主义作斗争等。

1921年夏，共产国际召开第三次代表大会，列宁在会上向其他国家的共产党解释了转向新经济政策的宗旨，认为从这些经验中可以得出适用于别国的一般结论，并认为问题的关键就在于无产阶级与农民之间的相互关系——这对各国共产党来说都是极为重要的问题。1921年秋，列宁忙于解决恢复国民经济、实现电气化、提高煤以及其他燃料的产量问题，他在这时写的一篇短文里指出"我们必须用极度的紧张、超过资本主义标准的最高生产率和劳动纪律去工作，否则俄国就不能超过资本主义、甚至不能赶上资本主义"。在发给顿巴斯的一个电报中，列宁批评实行平均工资制度，坚持要采用"按照生产率而用粮食和货币来支付劳动报酬的新规则，废除用粮食和货币来支付平均工资的制度"。

在1921年秋天向新经济政策的转变的过程中，党采取新政策和新方法取得了成功。尽管1921年的歉收引起了更多的困难，但是党在列宁的领导下，强化了党和国家的统一，巩固了同农民的联盟，开始恢复工业生产和运输，增强了苏维埃政府在国际的政治地位，社会主义与资本主义之间展开了新的竞争。列宁号召共产党员去"学习贸易"，去通过市场建立国家工业同农业的经济联系，依靠无产阶级专政的国家所掌握的经济命脉同资本主义成分进行斗争，在有利于社会主义的情况下解决历史遗留问题。新经济政策的提出固然与水兵暴动、农民骚乱等政治危机有关，但这一政策却开启了社会主义实践的新领域，也为社会主义的建设理论增添了新的内容，它是社会主义实践中的伟大创举。

第四节　揭露帝国主义

列宁在领导苏维埃政权建设社会主义的过程中，遇到的一个重要障碍就是帝国主义。从今天的视角看，列宁功绩的重要组成部分就是关于帝国主义问题的研究，列宁的研究从理论上和实践中认清了帝国主义的本质，并创造性地开辟了进行社会主义建设的新路线。列宁当时进行这一研究的动因与第一次世界大战的爆发有关。一战爆发后，第二国际推行"爱国主义"政策，唆使各国工人在战场上为本国资本家而互相厮杀，此举不但导致了第二国际的破产，而且使整个国际工人运动陷入了危机。正确认识帝国主义和帝国主义时代的社会主义革命，成为摆在列宁面前的一项重要而又迫切的理论任务。为此，列宁对帝国主义展开了深入的研究，研究成果在许多著作中都有反映。虽然与对社会主义革命与建设的关注和实践相比，列宁关于帝国主义问题的研究在成果的数量和投入的精力上要少得不成比例，但他敏锐地抓住了时代的变化，为人们展现了一片广阔的理论视野，其深刻的理论洞察力已被实践证明是正确的，因而列宁在这方面的研究成果的重要性几乎不亚于他对社会主义革命和建设的探索。

要想更深刻地认识和反思帝国主义的深层次问题，只有通过先了解后批判的方式才能更加有效，为此，列宁撰写了大量具有揭示意义的文字。他的主要理论成果是《帝国主义论》。他在这本书中深入分析了帝国主义的特征，揭示了它的历史地位，并认为它是寄生的、腐朽的和垂死的资本主义，是无产阶级革命的前夜。《帝国主义论》是列宁以敏锐的目光对资本主义世界最新出现的变化所作的理论概括。

虽然列宁的《帝国主义论》经常受到一些人的批评，但列宁在其中并没有否认资本主义在帝国主义阶段继续发展的可能性。他所说的帝国主义的腐朽性，是指帝国主义以资本输出为主要获利手段；帝国主义的垂死性，是指资本主义进入帝国主义阶段以后已经没有进一步发展的空间；帝国主义造成了规模空前的生产社会化，是无产阶级革命的前夜。我们评价一种社会理论，应当主要看它是否正确地反映了历史发展的基本趋势，从这样的视角看，列宁关于帝国主义的理论立刻就会显现出它惊人的历史洞察力和科学性。在今天看来，列宁帝国主义理论的历史价值，就在于它是世界上最早从马克思主义出发对全球一体化趋势所作的深入分析：基于帝国主义的经济特征和资本输出向外扩张的本性，帝国主义列强必然依据各自的实力瓜分世界，而实力的消长又决定了他们必然要求重新划分势力范围，这就会引起战争。这些思想已经为第二次世界大战所充分证实，由于帝国主义国家学会了相互妥协，今天的人们的确已经看不到帝国主义发生战争的现实可能。而资本输出和全球经济一体化，这些列宁早就预见到的趋势，经过近一个世纪的持续发展，已经达到空前的规模。历史的发展验证了列宁理论的真理性。

从方法论上看，用阶级分析的方法看待国际关系的变化是列宁对帝国主义的研究的最大特点。例如，他说垄断、寡头统治趋向代替了自由趋向，极少数最富强的国家剥削愈来愈多的弱小国家。列宁在这里实际上是指出了在帝国主义时代，富国和穷国之间是剥削和被剥削的关系，剥削的形式主要靠资本输出。我们今天面对的全球经济一体化，实际上正是这样的国际经济政治关系。全球经济一体化所引起的世界格局的变化，从实质上说就是国际关系的阶级化。当前的全球经济一体化，所建立的是以市场为纽带的经济联系，在一定意义上表现为包括发达国家和发展中国家在内的国家之间的"平等的"交换和合作，这与早期帝国主义赤裸裸的掠夺不同，不同之处在于，过去存在于民族国家内部的矛盾现在扩大到了全球。在资本主义早期，资本主义的生产和生产关系基本局限于民族国家之内，阶级和阶级划分受这种条件的限制，也是一个民族国家内部的事情。全球经济的一体化使整个世界日益被纳入到了统一的生产体系之中，而任何一个生产体系，其内部必定要有分工合作，结成一定的生产关系，在一定的历史阶段，这些关系又必然表现为阶级关系。在马克思、恩格斯时代，生产体系以民族国家为单位，阶级划分限于民族国家内部的人与人之间；在全球经济一体化时代，经济体系的全球化使得阶级划分扩展到了各个国家之间，发达国家和发展中国家的关系具有了阶级的性质。

在揭露帝国主义并建设社会主义的道路上，阶级问题始终是一个不可回避的难题。列宁曾为阶级概念下过一个经典的定义："所谓阶级就是这样一些大的集团，这些集团在历史上一定的社会生产体系中所处的地位不同，同生产资料的关系在社会劳动组织中所起的作用不同，因而取得归自己支配的那份社会财富的方式和多寡也不同。所谓阶级，就是这样一些集团，由于它们在一定社会经济结构中所处的地位不同，其中一个集团能够占有另一个集团的劳动。"对照列宁的阶级定义，可以很清楚地看出，当前的这种世界经济秩序具有明白无误的阶级性，即以美国为首的西方发达国家与广大发展中国家的关系正是阶级关系。只不过以往的阶级是由个人组成，现在的阶级则由国家和地区组成。

第五节　巩固社会主义

列宁晚年进行反对官僚主义、防止政权改变颜色的思考和实践的直接目的就是巩固社会主义，巩固社会主义也是列宁从夺取政权的第二天便开始思考的问题，但这种思考主要集中在他生命的最后几年，特别是1923年。列宁思考的内容涉及政治、文化乃至哲学等诸多方面。

在巩固社会主义的道路上，必须坚决清除官僚主义。早在

1919年列宁就说："沙皇时代的官僚渐渐转入苏维埃机关，实行官僚主义，装成共产主义者，并且为了更便于往上爬而设法取得俄国共产党的党证。结果，把他们赶出门外，他们又从窗口飞进来。"1920年他又说："苏维埃政权的任务就是要彻底消灭旧的机构，把权力交给苏维埃。我们在自己的纲领中又承认，这里官僚主义已经复活。"到1921年，列宁把对官僚主义的认识更多地与小资产阶级的影响联系到了一起。他说："官僚主义在我们国家制度中已经成为这样一种脓疮，以致我们的党纲也提到了它，这是因为它和这种小资产阶级自发势力及其涣散性有联系。"1923年，在列宁最终失去工作能力的前夕，他这样评价苏维埃的政权机关："我们的国家机关，除了外交人民委员部，在很大程度上是旧机关的残余，极少有重大的改变。这些机关仅仅在表面上稍微粉饰了一下，而从其他方面来看，仍然是一些最典型的旧式国家机关。"

从深层的角度来看，无产阶级政权的建设也是一个文化教育的问题。列宁认为，从理论上讲，社会主义国家是由劳动人民当家做主的，因而政权的无产阶级性质是有可靠保证的。然而实际上，由于无产阶级没有文化，他们不可能直接管理国家。"由于文化水平这样低，苏维埃虽然按党纲规定是通过劳动者来实行管理的机关。实际上却是通过无产阶级先进阶层来为劳动者实行管理而不是通过劳动群众来实行管理的机关"。他的结论是"在这里，摆在我们面前的首先是组织任务、文化任务和教育任务"。列宁认为提高劳动人民的文化水平，可以使他们具有当家做主的能力，从而保证政权不改变颜色。他说："文盲是处在政治之外的，必须先教他们识字，不识字就不可能有政治。"他指出："首先应当削减的不是教育人民委员部的经费，而是其他部门的经费，以便把削减下来的款项转用于教育人民委员部……应当把我国国民教师的地位提高到资产阶级社会里从来没有、也不可能有的高度。既要振奋他们的精神，也要使他们具有真正符合他们的崇高称号的全面修养，而最重要的是提高他们的物质生活水平。"

列宁意识到健全国家的监管部门是建设社会主义国家的重中之重，因此，必须提高工农检察院的监督功能。列宁认为，由工人农民组成的工农检察院，是对党和政府的工作加以监督，保证政权不改变颜色的重要途径。"工农检察院本来就是为我们的一切国家机关而设的，它的活动应毫无例外地涉及一切国家机构：地方的、中央的、商业的、纯公务的、教育的、档案的、戏剧的"。总之，为了加强工农检察院的工作，列宁提议把工农检察院与中央监察委员会的基本部门结合起来，然后由结合后的新的中央监察委员会监督党和政府的工作。他提出不仅各个具体部门的工作要接受检查，中央政治局的工作也不例外。"中央监察委员会必须在自己主席团的领导下，经常检查政治局的一切文件。同时他们应当恰当地分配自己做检查工作的时间，以便对我们的机关的办公制度进行检查"。

第五章　领袖散发的永恒光芒

第一节　伟人的溘然辞世

在经历了巩固苏维埃政权的各种困难之后，列宁成功地为国家建立了一个新的经济基础。这时，富农与白匪的叛乱已经平定，工业与农业逐渐得到了恢复。在1921年12月的苏维埃第九次代表大会上，列宁对经济建设的第一年，也就是没有战争的第一年的成就进行了总结：在这一年里，工人阶级与农民的联盟已经巩固，国民经济逐渐恢复，国家的力量得到强化；在经济建设方面：交通运输条件不断改进，电力站持续建设，耕地面积稳定增加，煤炭产量稳步提高。在这些辉煌的建设成绩背后，是无产阶级的领袖和无产阶级的共同努力。

然而不幸的是，在1921年—1922年，伟人列宁的身体却出现了严重的问题。但是，病痛的折磨却没有将伟人吓到，伟人的意志依旧坚强。列宁不是突然患病的，由于过于紧张的工作，列宁的身体早就出现了一些问题，但列宁并没有因为这些小问题而停止工作。在日积月累的超负荷工作和疾病持续得不到有效医治的情况下，列宁的身体状况急转直下。由此可见，列宁始终是个有责任感的优秀共产党员，作为共产党员的优秀代表的他时刻准备执行党的命令，接受党和国家的任何挑战。

列宁在病重期间，仍旧关注着党内的各项制度建设和国家的形势。例如，在开全会的时候，列宁给莫洛托夫写信，提出他想在全会上提出的提案，并要求否决季诺维也夫的提案，提议要延长党吸收新党员的预备期，优化党的建设。具体做法如下：在大工业企业里工作过十年以上的工人预备期为半年；其他工人为一年半；农民与红军士兵为两年；其他的人为三年。

虽然重病在身，列宁却以他一贯的认真态度为即将到来的第十一次党代表大会作准备。列宁在大会报告的提纲中，提出了下列意见："我们所缺少的主要的东西就是文化，就是管理的本领……新经济政策在经济上和政治上都充分保证我们有可能建成社会主义经济的基础。"列宁依然密切关注着国家的经济建设，他在报告中说："从新经济政策中得出来的主要的政治教训是，我们必须同农民群众、同普通的劳动农民结合起来，并开始向前移动，其速度虽比我们所希望的慢得不可估量，慢到了极点，但整个群众却真正会同我们一道前进。到了一定的时候，这个运动就会加快到我们现在所梦想不到的速度。"他进一步指出："在人民群众中，我们到底是沧海一粟，只有当我们正确地表现人民所意识到的东西时，我们才能管理。否则共产党就不能引导无产阶级，而无产阶级就不能引导群众，整个机器就要毁坏。"他最后指出："目前政治局势的整个关键和本质的东西，就是说把重心移到挑选人才、检查实际执行情况上去。"在演讲中，列宁以他一贯的坦率态度，直截了当地指出他在战时共产主义时代以及在推行新经济政策时所犯的错误，并身先士卒地作了自我反省。因此说列宁的这次讲演是布尔什维克自我批评的典范，因为他能够实事求是地、客观公正地作出自我反思和自我批评。

　　1922春天，列宁到莫斯科郊外的高尔克去，5月26日，列宁的病（动脉硬化症）第一次严重发作，他的右臂与右腿部分地失去了作用，说话也出现了障碍，医生说，列宁的病是他用脑过度所致。在此后三个星期内，他的健康略有起色，可是夏天他的病又几次复发，他断断续续地主持着党的工作。在他患病期间，列宁作为党的领袖的工作由中央委员会总书记斯大林执行。斯大林常常去看列宁，向他汇报情况，和他讨论当前的问题，并接受他对中央委员会的指示，这也是伟人在即将离去之际对党和国家工作的最后嘱托。

　　1922年10月，列宁主持了人民委员会，参加了中央委员会的会议，且在全俄中央执行委员会的一次会议上讲了话。11月，他在共产国际第四次会议中坚定地指出："社会主义已经不是一个遥远的将来，或是什么抽象幻景……我们把社会主义拖进日常生活中了，我们应当弄清这一点。这就是我们当前的任务，这就是我们这个时代的任务。让我在结束讲话时表示一个信念——无论这个任务是多么困难，无论它和我们从前的任务比起来是多么生疏，以及它会给我们带来多少困难，只要我们大家同心协力，不是在明天，而是在几年以内，我们大家同心协力无论如何会解决这个任务，只有这样，新经济政策的俄国将变成社会主义的俄国。"在这次演说后，列宁把他关于对外贸易垄断制的备忘录委托斯大林转交给中央委员会全会。在这个备忘录里，列宁依旧主张必须保持对外贸易的垄断制。在1922年的最后几个月里，全党全国在列宁指示下，为成立苏维埃社会主义共和国联盟进行了积极的准备。列宁由于身体的问题，把主要工作委托给斯大林处理。1922年12月底，斯大林代列宁在全俄苏维埃第十次代表大会上作了报告。

1922年12月16日，列宁再次受到了病魔的袭击，他的右半身瘫痪了。看护他的德国教授福尔斯特，对那几个月的情形这样写道："在经常接受医生检查及诊治期间，在列宁必须脱衣穿衣时，他决不允许医生帮忙。1922年12月，当他的右半身全部瘫痪，已不能起床时，他还是极勉强地允许有一个看护，而后来，当他的右臂完全不能动弹时，他仍想尽量用他的左臂，以便不使别人帮助。为他人服务是他终生的格言，不让他自己要别人侍候，而要自己照顾自己——他遵守这条最高法律直到他生命的最后时刻。"福尔斯特以他的所见所闻描述了列宁的伟大人格和坚强意志，这种品格时时刻刻感染和影响着苏联人民和世界人民。

值得庆幸的是，列宁的病情在1923年1月与2月里稍有好转。在疾病发作的间歇期，列宁以口授的方式完成了最后的几篇文章，因为他此时已经很难执笔了。列宁知道，他的工作能力已经受到损害，他必须利用好余下的每一分钟。同身体正常状况时一样，他的论述依然十分重视事实。《日记摘录》、《论合作制》、《论我国革命》、《怎样改组工农检察院》、《宁肯少些，但要好些》都是在这一时期完成的，这几篇文章可以说是布尔什维克党与全世界无产阶级领袖——列宁最后的嘱托。在这些文章里，列宁特别关注整个革命中有决定意义的政治问题——工人阶级对农民的态度。列宁说："我们应当努力建成的国家，是要工人能够保持他们对农民的领导，保持农民对他们的信任，并厉行节约把自己社会关系中任何浪费现象的痕迹铲除干净。……只要我们能够保持工人阶级对农民的领导，我们就有可能在我国用厉行节约的办法把任何一点积蓄都保存起来，以发展我们的大机器工业、发展电气化、发展水力机械化和泥炭开采业，完成沃尔霍夫水电站建筑工程等。我们的希望就在这里，而且仅仅在这里。只有这样，我们才能够——打个比喻说——从一匹马上跨到另一匹马上，就是说，从农民的、庄稼汉的、穷苦的马上，从指靠破产的农民国家实行节约的马上跨到无产阶级所寻求的而且不能不寻求的马上，跨到大机器工业、电气化、沃尔霍夫水电站等等的马上。"这是列宁在理论和实践两条道路上作出的最后的嘱托，也是对苏联极富影响力的有效决策之一。

列宁在这些重要的文字中指出了苏维埃社会主义建设的关键点，即在农村普遍地推行合作制，把农民直接引向社会主义。他说："的确，国家支配着一切大生产资料，无产阶级掌握着国家权力，无产阶级和千百万小农及最小农结成联盟，无产阶级对农民的领导已有保证等。难道这不是我们所需要的一切？难道这不是我们通过合作社，而且仅仅通过合作社，通过我们从前鄙视为买卖机关，并且现在在新经济政策下我们从某一方面也有理由加以鄙视的合作社来建成完全的社会主义社会所必需的一切吗？这还不是建成社会主义社会，但这已是建成社会主义社会所必需而且足够的一切。""任何社会制度，只有在一定阶级的财政支持下才会产生。不待说，'自由'资本主义的诞生曾花了许多万万卢布。目前我们应该特别加以支持的社会制度就是合作制度，这一点我们现在应该认识到并使它实现。但是支持合作社就应该是名副其实的支持，就是说，把这种支持仅仅理解为支持任何一种合作社的流转是不够的，而应理解为支持确实有真正的居民群众参加的合作社的流转。"在最后的几篇文章中，列宁多次谈到了提高文化水平、改善教师地位的问题。同时，列宁也谈到了精简和改进苏维埃机构的必要性的问题。他建议改组工农检察院，把它与中央监察委员会合并；建议在中央监察委员会中增加工人农民的数量。列宁认为，中央委员会与中央监察委员会的主要任务是要注意避免工人农民之间发生裂痕，使农民群众紧密团结在工人阶级周围，"必须极其慎重地维护我国的工人政权，保持住工人政权在我国小农和最小农中间的威信和对他们的领导"。在这几篇文章里，列宁提出了一个在无产阶级领导广大农民群众的国家内建设社会主义的方案，并为各国共产党如何开展具体工作奠定了坚实的理论基础。

1923年3月9日这一天，列宁的中风第三次发作，右半身完全瘫痪，甚至完全失去了说话的能力。由于病情加重，列宁没能够参1923年4月里举行的第十二次党代表大会，与会的代表都很关心他的病情，全国人民也都焦急地关注着领袖的病情。党和国家并没有因为列宁的病重而陷入混乱状态，这是列宁应该感到欣慰的。

在仲夏的时候，列宁的病情略有好转，失眠症好了，在别人的帮助下，他渐渐可以走路了。秋天，在医生的护理下，他逐渐恢复了说话的能力。他用钢铁一般的毅力与疾病作斗争，克鲁普斯卡娅和他妹妹玛丽亚经常在他身边。10月，列宁可以扶着手杖自己走路了，甚至可以坐汽车出去散心。有一次他坐车到莫斯科，重访了设在克里姆林宫中的办公室，在归途中他还查看了正在筹备中的农业展览会，这是列宁最后一次到克里姆林宫。就在大家以为列宁恢复工作的日子快到了的时候，列宁的病情却恶化了。

1924年1月21日下午6点，列宁的病情突然加重，失去了知觉，呼吸愈来愈困难，脸变得很苍白，体温迅速增高……在50分钟之内，列宁因脑溢血引起呼吸器官麻痹而辞世。1月21日夜，苏维埃紧急召开中央委员会全会，次日，在苏维埃大会上，加里宁宣布了列宁去世的消息，很快，这个令人悲痛的消息就传遍了全国和全世界。

列宁逝世之后，全国人民陷入了深深的悲痛之中。参加苏维埃大会的一位名叫齐冈科娃的女同志，这样描述代表们听到列宁逝世消息时的会场情景："在1月22日，我们全俄大会的代表去参加上午的会议，当我一踏上主席台（我是被选入大会主席团的），我就从所有到会者的脸色上看出，发生了可怕的事情。当我们许多人聚集在主席台上时，加里宁同志终于把我们亲爱的领袖去世的消息告诉了我们。我们不知道你们能否想象当时在主席台上发生了怎样的情况。不哭的人极少，而这少数人不过是因为竭力抑制他们的眼泪。我的心情极其沉重，我觉得我真想高喊这是不可能的，这不是真的。当加里宁同志在大会上宣布列宁逝世的消息时，唏嘘悲泣的声音压倒了哀乐声。每一个人都哭了，不分男女老少，都忍不住他们的眼泪了，大家都失去了最亲密的、最亲爱的朋友。"

全国各地先后开展了悼念列宁的活动。在顿巴斯矿区，第十三号矿井的工人俱乐部举行了悼念仪式。"突然之间，值班的电报员冲到了讲台上。他情绪激动，面色苍白，气也喘不出来。他悄悄地把一张纸条交给主席，主席看了字条脸色就白了，他又看了一遍、两遍、三遍，他的手颤抖着。正在演说的人也发觉有些不对劲，不能再讲下去了。主席插进来说："同志们，刚刚收到了一个电报，说列宁……'这句话还没有说完他就用双手捧着头，像小孩子一样哭泣起来。'列宁去世了!'主席团的另一个同志帮他说完了这句话，他的声音因为眼泪哽住了。这好像是一个晴天霹雳，全场寂然了好几分钟……一个老矿工说："伊里奇，亲爱的伊里奇……没有了你，我们将怎么办呢？'他布满皱纹的脸上那双饱经风霜的眼睛注视着远方，泪水大滴大滴地滚了下来。"

1924年1月23日，灵车到了莫斯科，载着列宁遗体的灵柩被运到了工会大厦。五天五夜，无以计数的工人、农民、红军士兵、从其他城市来的代表团、青年人与老年人，走进了停着列宁遗体的工会大厦的大厅去和他们敬爱的领袖告别。全国各地都举行了追悼会，工人与农民都宣誓要继续列宁的事业。1月27日，一个晴朗而寒冷的日子，祭火燃烧着，烟气在街头弥漫，全城都动了起来，载着列宁遗体的灵柩从工会大厦被移到了红场，成千成万的人民拥挤在附近的街上，红旗高高飘扬，乐队奏着葬礼进行曲，随后开始了最后的告别式。下午4点钟，礼炮齐鸣，莫斯科各工厂成千上万的汽笛以及全国成千上万的工厂和火车头的汽笛都响了起来，列宁的灵柩降到了陵寝的地穴。

失去了敬爱的领袖，党的基础非但没有动摇，反而愈发坚实，几周之内，就有20多万工人在"为纪念列宁而征收党员的运动"中加入了党。全国优秀的工人都向中央委员会宣称："列宁去世以后，我们工人的出路只有一条，就是站到共产党的旗帜下。"虽然列宁去世了，但是亿万工人农民继承了他的事业，他的旗帜依然被布尔什维克党、中央委员会和全国人民高举着；列宁虽已逝去，但他的事业得到了延续和承继。党和党的中央委员会向他们的伟大领袖作最后告别的时候，斯大林在一篇雄壮而又动人的演说里宣誓，要遵守列宁的遗嘱："列宁同志和我们永别时嘱咐我们要珍重'党员'这个伟大称号，并保持这个伟大称号的纯洁性。列宁同志，我们谨向你宣誓：我们一定要光荣地执行你的这个遗嘱！列宁同志和我们永别时，嘱咐我们要保护我们党的统一，如同保护眼珠一样。列宁同志，我们谨向你宣誓：我们一定要光荣地执行你的这个遗嘱！列宁同志和我们永别时嘱咐我们要保护并巩固无产阶级专政。列宁同志，我们谨向你宣誓：我们也一定不遗余力来光荣地执行你的这个遗嘱！列宁同志和我们永别时嘱咐我们要竭力巩固工农联盟。列宁同志，我们谨向你宣誓：我们也一定要光荣地执行你的这个遗嘱！列宁同志和我们永别时嘱咐我们要巩固并扩大共和国联盟。列宁同志，我们谨向你宣誓：我们也一定要光荣地执行你的这个遗嘱！列宁同志和我们永别时嘱咐我们要忠实于共产国际的原则。列宁同志，我们谨向你宣誓：我们一定奋不顾身地来巩固并扩大全世界劳动者的联盟——共产国际！"

第二节　领袖的永恒光芒

虽然列宁与世长辞了，然而他永远是布尔什维克的伟大领袖，他的历史地位也是不可动摇的。列宁去世之后，他的战友斯大林继承了他的遗志，带领新生的苏维埃政权走上了稳步发展的道路。

当时，斯大林面临着艰巨的理论任务和实践任务：一方面要加紧进行社会主义的建设；另一方面要与反对派的势力进行坚决的斗争。

列宁逝世后，反对派向列宁的理论发动进攻，企图使党偏离布尔什维克的正确道路，放弃建设社会主义的计划。然而，放弃社会主义建设计划就等于向阶级敌人投降，替资产阶级复辟扫清道路。在以斯大林为首的列宁主义中央委员会的领导下，党一次又一次地打退了托洛茨基反对派、加米涅夫与季诺维也夫的"新反对派"、托洛茨基与季诺维也夫的联合反对派、右倾分子（布哈林、李可夫与托姆斯基）以及其他反党集团的进攻。斯大林在他的演讲与论文中揭露了所有这些反对派集团的机会主义本质，在理论和实践的双重层面上，带领党和国家取得了初步的胜利。

列宁要保持一个强大的、统一的、有纪律的党的遗嘱得到了实现，党在激烈的战斗中保持了统一与团结。在新领袖的领导之下，在与各种机会主义者的斗争中，党保持了马克思与列宁理论的纯洁性，并且继续发展了马克思列宁主义理论。斯大林对列宁关于党、关于建设社会主义、关于无产阶级专政、关于民族问题、关于土地问题、关于社会主义与共产主义以及其他许多问题的学说的进一步发展，延续了列宁的理论工作的价值，这些工作也使得斯大林的名字能与马克思、恩格斯、列宁的名字相并列。

基于团结与坚强的信念，党顺利地完成了列宁的建设社会主义的计划。斯大林在第十四次党代表大会的报告中，提出了"全国工业化是党当前任务"这个口号，这是为社会主义建设提出来新的目标。随后，在党的坚强带领下，社会主义进入了对生产部门的社会主义改造时期，国家经济得到了迅速发展。在第十五次党代表大会上，斯大林提出了巩固城乡一切重要阵地的任务，制订了"消灭国民经济中资本主义成分"的政策。在短短几年里，大部分农民加入了集体农庄，集体农庄成了乡村中苏维埃政权的支柱。国营农场发展得很快，在全面农业集体化的基础上，富农阶级被消灭了。第一个五年计划在四年中完成，苏联从一个农业国变成了一个工业国，继续建立了社会主义经济的基础，工人阶级与集体农庄农民开始发展第二个五年计划，继续为建设没有阶级的社会主义社会而斗争，无产阶级与农民的联盟比以往更加强大了。

与此同时，列宁主张制定的民族政策也得到了坚定的执行。中亚细亚与南高加索（那里是最受沙皇压迫的地方）的民族共和国，在经济和文化上都发展得很快。在斯大林领导下，苏维埃国家与无产阶级专政日益强大，千百万人民都投身于建设国家的工作。

对官僚主义与松懈疲塌的习气进行斗争是党的新任务。党和苏维埃机关肃清了异己分子和敌对分子。由于文化教育水平的迅速提高，国家在工农队伍中培养了成千上万的新的工程师、技师与科学工作者，文化的进步推动了社会主义建设飞快发展。在文化教育的意义上，只有不断地利用共产主义思想教育人民，改造人民，才能抵制资本主义及其腐朽思想的侵蚀，为社会主义苏维埃政权的巩固和发展提供强有力的思想保证。为此，斯大林指出："我们不能让教育工作不联系政治。""从资本主义培养出来的一代工作者，至多也只能消灭建筑在剥削上面的资本主义旧生活方式的基础。他们至多也只能建立这样一种社会结构，这种社会结构帮助无产阶级和劳动阶级保持自己的政权……至于在这个基础上进行建设，那只有靠下一代人去担负。"所以，"教育工作者和斗争的先锋队共产党的基本任务，就是帮助培养和教育劳动群众，使他们克服旧制度遗留下来的旧习惯、旧风气，那些在群众中根深蒂固的私有者的习惯和风气。"这就是党在进行经济建设的同时所进行的文化建设。

由于经济的发展，苏联在世界大国中的地位不断提升，除了因为经济的发展，日益增强的军事力量也是重要原因。

在斯大林的领导下，在共产国际的舵手季米特洛夫同志的协助下，第三国际——共产国际日益强大。它的活动原则是，依据马克思与列宁的理论和全世界无产阶级革命斗争的实际经验制定革命纲领，因此，共产国际在工人、农民与被压迫民族中间的影响不断增强。第十七次党代表大会（这次大会在全国纪念列宁逝世十周年时举行）清楚地体现了布尔什维克党与苏维埃国家在以斯大林为首的党中央委员会的领导之下取得的辉煌成就。

在这些成就的基础上，党拟定了第二个五年计划：彻底消灭资本主义成分以及一般的阶级，彻底消除各种剥削。第二个五年计划提前完成之后，整个国民经济得到彻底改造，这使苏联在技术与经济力量方面站到了世界各国的前列。根据列宁确定的路线，党在建立社会主义社会方面得到了人类历史上空前的成功。

第三节　严格恪守的公仆角色

如果说马克思和恩格斯是从理论上提出了"社会公仆"这一概念，那么列宁无疑是践行这一概念的第一人。无产阶级的伟大导师列宁是世界上第一个执政的共产党——俄国共产党（布尔什维克）的杰出领袖，是世界上第一个社会主义国家的第一元首。他的理论活动和实践活动，给无产阶级的政党，给一切共产党人留下了极其丰富的精神遗产。在社会主义革命和经济建设的历史时期，列宁在现实生活中密切联系群众，全心全意为人民谋利益，恪守着自己身为人民公仆的伟大角色。

作为人民的忠实公仆，列宁一直是最真实、最平凡、最朴实的人，他也是可亲、可敬、可爱的人。如果说列宁在十月革命以前的长时间的革命斗争里，就已经表现出了作为人民公仆的优秀品质，那么在1917年俄共成为执政党之后，他也一直在践行人民公仆的价值原则。他深入了解群众生活，懂得人民的根本利益和内心深处的思想和愿望，始终坚持"正确地表现人民所意识到的东西"这一理念。他曾经写道："要生活在稠人广众之中，要知道他们的感情，要知道一切，要了解群众，要善于接近群众，要取得他们的绝对信任。领导者不脱离被领导的群众，先锋队不脱离整个劳动大军。"这是他对全党的精神号召，更是他自己实践的真实写照。他相信群众，依靠群众，事事走群众路线；他广泛接触群众，热情对待、认真处理人民来信走访；他还坚持深入民间，到实际生活中做调查研究。列宁时刻践行着人民公仆的价值理念和精神信仰。

作为慎思明辨的人民公仆，列宁十分注意提高人民群众的物质和文化生活。早在十月社会主义革命以前，列宁就拟好了一个关于修改党纲的草案，其中规定要极力改善和提高群众的生活水平。列宁指出："我们看一看，工农群众进行革命究竟是要得到什么？他们期待与革命的是什么？大家知道，他们期待的是自由、和平、面包和土地。""首先要帮助，然后才会取得信任。"在列宁的许多指令、电文、指示和便条中，处处可以感到他对人民群众的无限热爱和关怀。

作为正直不阿的人民公仆，列宁对形形色色的官僚主义者和官僚主义习气嗤之以鼻，并与之坚决斗争。旧的国家机器被打碎之后，它的死尸散发出来的臭气和流毒不可能在短时期内被彻底消除，而且这些幽灵还会改头换面侵入新兴的人民政权之中，使"社会公仆变为社会主人"。对此，列宁向来就有高度的警觉，他曾斩钉截铁地发出过这样的警告："共产党员成了官僚主义者。如果说有什么东西会把我们毁掉的话，那就是这个。"他容不得任何侵害人民利益的官僚主义行为，他坚决反对拖拉作风、会议成灾和文牍主义，绝不容忍领导者利用手中的权力，对向上控告、揭发他们错误的人进行打击报复。列宁对官僚主义深恶痛绝，同时又以伟大的政治战略家的眼光看到了这个毒瘤的顽固性，因为它同它赖以存在的社会基础，即现存生产力水平之间具有客观联系。列宁总是通过多种途径——大力发展社会生产力、提高全社会的文化思想水平、加强劳动者的团结、实行工农群众监督、推行国家机关制度改革、惩办某些官僚主义分子等来同官僚主义作斗争。

作为模范的人民公仆，列宁在领导工作中，始终坚持发扬民主。他从不专断独行，总是要求并创造条件让别的同志发挥出最大的主动性；他以无产阶级政治家的博大胸襟对待各种不同的意见，遇事先经民主讨论，反复协商，集思广益；他善于团结反对自己的人和那些犯了错误的人，能够调动一切积极因素，把人民的事业搞好。列宁认为集体领导是党和国家领导工作的最高原则，并在自己的一切活动中坚决实行这一原则。列宁坚决反对他一人可以决定中央委员会的一切问题的看法。他在一封给苏俄著名外交家阿·阿·越飞的信中这样写道："您不止一次地说'中央委员会就是我'，您错了。只有在非常激动和过度疲惫的情况下才会这样写……为什么这样激动，以至于写出完完全全不可能的词句，似乎中央委员会就是我？"在主持会议时，列宁从不认为自己的意见无需争论，他向来注意倾听别人的看法。有时候，人民委员会大多数委员通过了他并不同意的决议，他也会服从大多数。如果当讨论的问题具有重大原则意义的时候，他就把问题提交给上级组织——中央委员会政治局或全俄中央执行委员会解决。

作为克己守法的人民公仆，列宁非常重视建立和维护社会主义法治，加强纪律教育。在人民自己掌握了国家命运、自己管理整个社会生活的新时代，法律和纪律就是人民意志的集中体现。在这种情况下，没有法律和纪律，或者有了条文却得不到真正的实施，那么正常的社会秩序和工作关系就无法得到确立，人民的利益就会受到侵害。列宁不仅重视、关注法律纪律条文的制定和宣传，而且更可贵的是，他总是以身作则，总是坚持在纪律和法律面前人人平等，坚持与普通人民群众享有同等的权利。列宁以卓越的工作能力而闻名，不管工作环境如何——在监狱里、在流放中或侨居国外时——他总是知道怎样有系统地分配时间并最有效地加以利用。凡是他主持的会议都按时进行。

作为大公无私的人民公仆，党和人民的利益在列宁生命中占据着至高无上的地位。当他手中掌握真理的时候，他能高高举起捍卫真理的旗帜，不怕巨大的困难，不怕暂时的孤立，能够力挽狂澜，英勇奋斗，直至取得胜利。列宁从来不把自己看成"神人"、"完人"，他承认自己的认识、自己所主持的工作也会发生某些失误。列宁的过人之处正在于，他一向鄙弃文过饰非的不良作风，能够始终坚持实事求是的科学态度，富有自我批评的精神，一旦发现自己的过错，他就公开承认、及时纠正，他说：
"一个政党对自己的错误所抱的态度，就是衡量这个党是否严肃
认真，是否真正履行它对自己阶级和劳动群众所负义务的一个最
重要最可靠的尺度。"列宁要求每一个和他一道工作的人有同样
的认识，他很难容忍不充分的理由、随意的主张和仓促作出的结
论，他要求每一个论点都要准确，必要时要以数字来证实。有时
候他会毫不犹豫地打断那些只谈一般道理的讲演者，并向他们重
复说："事实，事实!"他要求准确的数字、人和地方的名字。他
总要问："什么名字？什么省份？有多少准确性？"

　　作为意志坚定的人民公仆，列宁在个人与群众、个人与党
的关系问题上，保持着清醒的头脑，坚决反对个人崇拜。他说：
"共产党员（也和一般顺利地开始了大革命的革命家一样）如果
一味单靠革命家的手就能完成革命事业，那将是他们最大的最危
险的错误之一。"列宁作为苏维埃俄国党的国家领袖，他的历史
功绩是辉煌的，他在全党和全国人民中间享有崇高的威望，广大
党员和人民从心底里拥护他、爱戴他。有不少的领袖人物，往往
在这种情况下就忘乎所以，搞个人崇拜，给革命事业带来了很大
的损失，也降低了自己在人民中的威信。列宁却不是那样，他自
觉地、成功地避免了可能出现的这种违背历史唯物主义的个人崇
拜的不良倾向。列宁一般不让人给他拍照，只有在实在必要、或
者摄影师强求时，他才拍一张照片。有一年在"普遍军训节"那

一天，摄影师要拍纪录影片，列宁对他说："同志，给我少拍些，多拍拍那些来听我讲话的人，那些到前线去的同志。"此外，列宁还十分鄙视有些国家领导人把自己的肖像印制在自己国家发行的邮票上的做法，尽管这种做法在许多国家是通行的。据美国《纽约时报》报道，在列宁生前，苏俄竟没有发行过一枚印有列宁肖像的邮票。

作为品德高尚的人民公仆，列宁立志做献身于人民事业的共产党人和革命干部，要在亿万人民中起模范表率作用。列宁说过："究竟有没有共产主义道德呢？有没有共产主义品德呢？当然是有的。""道德是为人类社会升到更高的水平，为人类社会摆脱劳动剥削制服务的。"不论是在大事情上，还是在日常小事上，列宁一直严格要求自己。因为一滴水可以反射出太阳的光辉；一件小事，有时甚至一句话，都能反映出一个人的内心世界境界的高下。克尔日札诺夫斯基写道："在亲密的友人中间，列宁立刻会成为这一群人中间的灵魂。他到哪里，哪里就听得到最热烈的讨论与最真诚的笑声。他很了解每一个同志的特点，并且能够根据人们的特点同他们接近。他真是一块'人类的磁石'。和马克思一样，只有一种东西是列宁容忍不了的，即欺骗、虚伪和说空话。"列宁在这方面对自己要求是非常严格的。他在待人接物方面、为人处事方面，有着高度的共产主义道德修养，他不以领袖自居，而是处处平易近人，他尊重别人，讲究礼貌，他虚怀若谷，容得下别人的误解和平常人所说的"不恭"，他谦虚谨慎，从不高估自己。

作为人民公仆，列宁一向以无比充沛的热情重视一切对党和人民的事业有用的党员、干部和专业人才，爱护同志，尊重人才，在思想上、事业上以及生活上都很爱护关怀他们。人们与列宁接触后就会在他们的革命工作中发挥与获得新的力量。列宁以毫不动摇的信心、热情的战斗性格、卓越的远见以及渊博的科学知识感染了他的同志们。当国内战争结束，俄共党把工作重心转移到恢复和发展国民经济之上的时候，列宁特别重视经济管理和科学技术人才。他一方面采取各种措施，让长期从事革命战争和党的工作的老干部学技术，使他们成为社会主义经济建设的内行；另一方面又十分注意吸收和安排非党专家参与各项建设事业的决策和规划工作，以充分发挥他们的专长，并选拔他们到领导岗位上。1920年制定苏维埃国家电气化计划时，他汇集了数百名专家参加工作。列宁曾自豪地说到这一点："我们已经拟定了国家电气化的初步计划，这个计划是由我们200位优秀的科学家和技术人员制定的。"列宁和俄共这种尊重人才、合理使用人才的政策和办法，加强了党内和各级领导层的团结，增强了党政机关的领导力量，调动了各个方面的积极因素，有效地保证了社会主义各项建设事业的顺利发展。

同时，作为勤俭节约的人民公仆，列宁始终坚持与人民同甘共苦，物质生活上从不讲究，从不搞特殊化。列宁在共产党执政前的几十年间，颠沛流离、历尽艰难；在共产党执政之后，又为国为民，埋头苦干，日理万机，操劳不息，鞠躬尽瘁，死而后已。列宁的一生过着极其简朴的生活，他一直很节约，尤其在个人需求方面。在他早期给亲人的一封信（1895年）里，他计算了每月的费用（38卢布），并且说："我仍然花得太多了……我过得不够节俭，例如单是乘有轨马车一个月就花了1卢布36戈比。"因为自己收入微薄，他得花费母亲的钱，这使他非常不安。他的一生都在践行"勤俭节约"这几个字，是一个真正的人民的好公仆。

列宁为立志于服务人民、献身人民的共产党人指明了奋斗的方向，树立了最光辉的榜样。

中国民主革命的先驱、伟大的革命家孙中山先生称列宁为"国友人师"。列宁逝世后，孙中山的演说和发往苏俄的电文中指出，"列宁的为人，由革命观点看起来，是一个革命之大成功者，是一个革命中之圣人，是一个革命中最好的模范。"

知识链接

辩证唯物主义

辩证唯物主义，是马克思、恩格斯批判地吸取德国古典哲学——黑格尔的辩证法的"合理内核"和费尔巴哈唯物论的"基本内核"，在总结自然科学、社会科学和思维科学的基础上创立的系统科学的逻辑理论思维形式，是一种以马克思和恩格斯学说来研究现实的哲学方法，是用"辩证的观点"和"唯物论的观点"解释和认识世界的理论。一般认为"辩证唯物主义"和"唯物辩证法"在本质上是一致的。

辩证唯物主义的基本观点有：1.唯物主义认为，物质是第一性的，意识是第二性的。世界的本原是物质，世界的万事万物都是物质派生出来的。2.物质世界是按照它本身所固有的规律运动、变化和发展的。规律是客观的，是不以人的主观意志为转移的。

3.辩证的唯物主义观点是相对于机械唯物主义而言的，即将辩证法与唯物主义相结合。

德国古典哲学

德国古典哲学一般是指康德、费希特、谢林、黑格尔和费尔巴哈的哲学，是代表西方近代哲学的最高阶段。它继承了由德国哲学家莱布尼茨代表的唯理主义倾向，同时又受到了苏格兰启蒙运动中著名哲学家休谟的经验主义和怀疑论的影响，此外，以莱辛、歌德为代表的启蒙运动文学也对德国古典哲学起到了相当程度的影响。（斯宾诺莎的宿命论思想有时也被认为是德国古典哲学的重要思想来源之一。）在这些思想的共同影响下，德国古典哲学家总结并探讨了一系列哲学上的重大问题，尽管他们中的多数经常被泛泛地认为是唯心主义者，但他们的主张却不是统一的。康德是一个二元论者和不可知论者，他为了调和唯理主义和经验主义，提出了自己的批判哲学。费希特则持有一种主观唯心主义（后期也被认为倾向于客观唯心主义），谢林和黑格尔有时候被认为是客观唯心主义者，但事实上他们的意见是非常不同的。直到费尔巴哈以一种唯物主义的观点对黑格尔宏大的形而上学体系提出抨击，才终结了德国古典哲学。

德国古典哲学具有抽象性和思辨性的特点，同时它也是马克思主义的三个理论来源之一。此外，它提出了包括认识论、本体论、伦理学、美学、法哲学、历史哲学以及政治哲学等领域在内的各种重大问题和范畴，标志着近代西方哲学向现代西方哲学的过渡。

第二国际

第二国际，即"社会主义国际"，是一个工人运动的世界组织。1889年7月14日在巴黎召开了第一次大会，通过《劳工法案》及《五一节案》，决定以同盟罢工作为工人斗争的武器。组织后因第一次世界大战爆发而解散，其后伯尔尼国际成立并作为实体运作。第二国际所做出影响最大的动作包括宣布每年的5月1日为国际劳动节，宣布每年的3月8日为国际妇女节，并创始了八小时工作制运动。当今世界最大的政党组织"社会党国际"实际上为其延续，在二战后的1951年成立，成员均为原第二国际成员。

第一国际

第一国际，即国际工人联合会，1864年由英、法、德、意四国工人代表在伦敦开会成立，马克思代表德国工人参加该组织的工作，并逐渐用"科学社会主义"理论作为组织指导思想。由于会名太长，有时人们取它的第一个单词"International"代指，简称为"国际"，历史上即称为"第一国际"。1871年，第一国际法国支部参加并领导了巴黎公社运动。但是随着巴黎公社的失败，第一国际也日渐衰弱，1876年正式宣布解散。

法国1789年的资产阶级大革命

法国大革命，又称法国1789年的资产阶级大革命，是1789年在法国爆发的资产阶级革命，法国的政治体制在大革命期间发生了史诗性的转变：统治法国多个世纪的绝对君主制与封建制度在三年内土崩瓦解，过去的封建贵族和宗教特权不断受到自由主义政治组织和平民的冲击，传统观念逐渐被全新的天赋人权、三权分立等民主思想代替。

法国大革命始于1789年5月的三级会议。革命的头一年，第三等级的革命民众在6月发表了《网球场宣言》，7月攻占了巴士底狱，8月凡尔赛妇女运动迫使法国王室在10月返回巴黎。之后几年不断出现自由集会和保守的君主制度改革。1792年9月22日，法兰西第一共和国成立，路易十六在次年被推上了断头台。不断出现的外部压力实际上在法国革命中起到了主导作用，法国革命战争从1792年开始，取得了一个世纪以来法国未曾取得的胜利，并使法国间接控制了意大利半岛和莱茵河以西的领土。在国内，派系斗争及民众情绪的日益高涨导致了1793年至1794年恐怖统治的产生。罗伯斯庇尔和雅各宾派倒台以后，督政府于1795年掌权，直到1799年拿破仑上台后结束。

关于法国大革命的结束时间尚存争议，正统观点认为1799年的雾月政变为革命终结的标志；另有观点认为1794年7月雅各宾派统治的结束为革命的终结；还有观点认为1830年七月王朝建立是革命终结的标志。

现代社会在法国革命中拉开帷幕，共和国的成长、自由民主思想的传播、现代思想的发展以及国家之间大规模战争的出现都是此次革命的标志性产物。在作为近代一场伟大的民主革命而受到赞扬的同时，法国大革命也因其间所出现的一些暴力专政行为而为人诟病。革命随后导致了拿破仑战争、两次君主制复辟以及两次法国革命。接下来直至1870年，法国在两次共和国政府、君主立宪制政府及帝国政府下交替管治。

历史学家、《旧制度与大革命》的作者托克维尔则认为，1789年法国革命是迄今为止最伟大、最激烈的革命，代表法国的"青春、热情、自豪、慷慨、真诚的年代"。

工业革命

工业革命，又称产业革命，是指资本主义工业化的早期历程，即资本主义生产完成了从工场手工业向机器大工业过渡的阶段。工业革命是以机器取代人力，以大规模工厂化生产取代个体工场手工生产的一场生产与科技革命。由于机器的发明及运用成为了这个时代的标志，因此，历史学家称这个时代为"机器时代"。

有人认为工业革命在1759年左右已经开始，但直到1830年，它还没有真正蓬勃地展开。大多数观点认为，工业革命发源于英格兰中部地区。1769年，英国人瓦特改良蒸汽机之后，由一系列技术革命引起了从手工劳动向动力机器生产转变的重大飞跃。随后自英格兰扩散到整个欧洲大陆，19世纪传播到北美地区。一般认为，蒸汽机、煤、铁和钢是促成工业革命技术加速发展的四项主要因素。在瓦特改良蒸汽机之前，整个生产所需动力依靠人力和畜力。伴随蒸汽机的发明和改进，工厂不再依河或溪流而建，很多以前依赖人力与手工完成的工作自蒸汽机发明后被机械化生产取代。

工业革命是一般的政治革命不可比拟的巨大变革，其影响涉及人类社会生活的各个方面，使人类社会发生了巨大的变革，对人类的现代化进程的推动起到了不可替代的作用，把人类推向了崭新的蒸汽时代。

后马克思主义

后马克思主义的概念自20世纪80年代以来就以一种不太准确和规范的方式被使用着，它并非描述一个学派，而是描述一个趋向。后马克思主义倡导一种偶然的话语逻辑，它主张把意识形态和经济及阶级要素完全剥离开来，然而，对于后马克思主义自身的"发生学"分析，后马克思主义的话语理论却无能为力。后马克思主义不论作为一种思想倾向，还是作为一种确定的理论立场，它的生成、确立和盛行都不是脱离社会文化环境的纯粹话语运作的结果，就像后马克思主义本身不能够完全拒斥马克思主义一样，对后马克思主义社会和思想根源的理论透视也离不开马克思主义的分析方式。后马克思主义之所以在20世纪70年代末至80年代中期孕育成形，有着它特定的社会的、政治的、阶级的、思想的以及学理上的源流。

科学社会主义

科学社会主义是与空想社会主义相对而言的、关于社会主义的科学的理论体系、理论模型与实践模式。科学社会主义是人类一切文明成果的结晶。马克思、恩格斯运用辩证唯物主义的逻辑思维形式，在批判历代空想社会主义的基础上，以历史唯物主义的观点揭示和发现了人类社会发展的规律及当代资本主义经济运动的规律——剩余价值规律。马克思的这两个规律的发现使社会主义从空想变成了科学。科学社会主义是关于无产阶级解放斗争发展规律的科学，是一门政治科学，或者说是一门政治学。

空想社会主义

空想社会主义又称乌托邦社会主义，是产生于资本主义生产状况和阶级状况尚未成熟时期的一种社会主义学说，是现代社会主义思想来源之一。空想社会主义者相信在不久的将来可以建立理想的意识形态社会，并为之不懈努力奋斗。这种学说最早见于16世纪托马斯·莫尔的《乌托邦》一书，盛行于19世纪初期的西欧。空想社会主义者认为社会主义的理想社会应该建筑在人类的理性和正义的基础上，而这种社会至今还未出现，是由于人们不认识和不承认的缘故。他们觉得只要有天才掌握了这种思想，并推广开去，就能实现他们心中的理想社会。空想社会主义者反对资本主义，并认为资本主义的剥削制度是由于人类在道德和法律上犯了错误，背弃了人类的本性而产生的。

里昂工人起义

里昂工人起义是指1831年和1834年法国里昂工人反对资本主义剥削压迫的两次武装起义，里昂工人起义推动了法国工人运动的发展，是法国无产阶级作为独立的政治力量登上历史舞台的重要标志之一。与"巴黎公社"、"英国宪章运动"并称"三大工人运动"。

历史唯物主义

历史唯物主义是马克思主义哲学的重要组成部分，也被称为"唯物主义历史理论"或"唯物史观"。历史唯物主义为马克思和恩格斯所创立，以黑格尔的辩证法，结合费尔巴哈的唯物论，去解释人类历史演变的过程，并被列宁、毛泽东等人所发展，被认为是马克思主义的社会历史观和认识、改造社会的一般方法论。因其主要关注的是对历史规律的阐明，因而历史唯物主义可以归入历史哲学，具体地说是一种思辨的历史哲学。

历史唯物主义认为历史发展是客观的和有其特定规律的，其最基本的规律就是生产力决定生产关系，生产关系对生产力有反作用（可能促进或阻碍）。伴随着生产力的发展，人类社会会历经原始社会、奴隶社会、封建社会、资本主义社会、社会主义社会，最终走向共产主义社会。

马克思主义

马克思主义是马克思、恩格斯在19世纪工人运动实践基础上创立的理论体系。马克思主义主要以唯物主义角度编写而成。马克思主义理论体系包括三部分，即马克思主义哲学、马克思主义政治经济学、科学社会主义，分别是马克思、恩格斯受德国古典哲学、英国古典政治经济学、法国空想社会主义影响，并在此基础上创立的。马克思主义作为内涵丰富、外延无限的一整套严密的思想体系，我们可以从不同方面对其进行不同的定义。马克思主义从它的创造者、继承人的认识成果上讲，可以定义为：马克思主义是马克思、恩格斯创建的马克思主义者不断加以丰富发展的观点和学说的体系；从它的阶级属性讲，可以定义为：马克思主义是关于无产阶级和人类解放的科学，尤其是关于无产阶级斗争的性质、目的和条件的学说；从它的研究对象讲，可以定义为：马克思主义是一个内容极其丰富的、宏伟的、科学的理论体系，是关于自然、社会和思维发展普遍规律的学说，特别是关于资本主义发展和转变为社会主义，以及社会主义和共产主义发展普遍规律的学说。

马克思主义哲学

马克思主义哲学是关于自然、社会和思维发展的一般规律的科学，是唯物论和辩证法的统一，是唯物论自然观和历史观的统一。它是在继承和发展了德国的古典哲学，英国的古典政治经济学，英国、法国的空想社会主义下形成的马克思主义的三个组成部分之一。马克思主义哲学的主要理论来源是辩证法和唯物论，辩证唯物主义和历史唯物主义是马克思主义哲学的两大组成部分，实践概念是它的基础。

马克思主义政治经济学

马克思主义政治经济学，是马克思主义的重要组成部分。它既是我们从理论高度认识和研究资本主义的经济科学，也是我们进行社会主义经济建设和改革开放的理论指导。马克思主义政治经济学，首先包括马克思创建的政治经济学的基本原理和方法，也包括后来由列宁、毛泽东、邓小平和党中央发展了的经济思想与理论，还包括经济学界以马克思主义为指导研究当代资本主义和社会主义所取得的有关成果。马克思主义政治经济学的基本观点主要包括在马克思的重要著作《资本论》中，在《资本论》中，马克思研究了资本主义经济学的理论和英国历年的经济统计资料，对资本主义经济学理论进行了分析和批判。

七月革命

七月革命，即法国七月革命，是1830年欧洲的革命浪潮的序曲，因为波旁王室的专制统治令经历过法国大革命的法国人民难以忍受，以致法国人群起反抗当时法国国王查理十世的统治。此次革命的成功是维也纳会议后首次在欧洲成功的革命运动，革命鼓励了1830年及1831年欧洲各地的革命运动，表明维也纳会议后，由奥地利帝国首相梅特涅组织的保守力量未能抑制法国大革命后日益上扬的民族主义及自由主义浪潮。

青年黑格尔派

青年黑格尔派，又称黑格尔左派，是在19世纪30年代黑格尔哲学解体过程中产生的激进派，知名成员有布鲁诺·鲍威尔、大卫·施特劳斯、麦克斯·施蒂纳、费尔巴哈等。活动中心在柏林，马克思和恩格斯也曾参加过青年黑格尔派的活动。

人文主义

人文主义是在文艺复兴时期新兴资产阶级反封建反教会斗争中形成的思想体系、世界观或思想武器，也是这一时期资产阶级进步文学的中心思想。它主张一切以人为本，反对神的权威，把人从中世纪的神学枷锁下解放出来。人文主义宣扬个性解放，追求现实人生幸福；追求自由平等，反对等级观念；崇尚理性，反对蒙昧。

《社会契约论》

《社会契约论》，又译为《民约论》，或称《政治权利原理》，是法国思想家让·雅克·卢梭于1762年写成的一本书。《社会契约论》中主权在民的思想，是现代民主制度的基石，深刻地影响了废除欧洲君主绝对权力的运动，和18世纪末北美殖民地摆脱英帝国统治、建立民主制度的斗争。美国的《独立宣言》和法国的《人权宣言》及两国的宪法均体现了《社会契约论》的民主思想。

社会主义社会

社会主义社会，是一种社会形态，指用马克思主义理论指导，重视社会福利，采用财产公有制的，通常是共产主义政党专政、工人阶级领导的社会。按照马克思主义理论，社会主义社会是资本主义社会向共产主义社会的过渡性社会形态。

生产关系

生产关系是指在物质生产过程中形成的人们之间的社会关系，它集中体现了人们之间的物质利益关系。生产关系的内容包括人们在一定的生产资料所有制基础上形成的、在社会生产总过程中发生的生产、分配、交换和消费的关系。

托拉斯

托拉斯，是较高级的垄断组织形式。指由许多生产同类商品或在生产上有密切关系的企业为了垄断某些商品的产销，从而获得高额利润而组成的大型垄断企业。可分为以金融控制为基础的托拉斯和以企业合并为基础的托拉斯。托拉斯在美国最为普遍，其作用覆盖整个采购、生产、销售过程。

唯物史观

唯物史观即历史唯物主义。

辛迪加

辛迪加，原意是"组合"、"联合"，是垄断组织的一种重要形式，属于低级垄断形式。辛迪加指同一生产部门的少数大企业为了获取高额利润，通过签订共同销售产品和采购原料的协定而建立的垄断组织。

修正主义

"修正"一词的含义，来源于拉丁文，有"修改、重新审查"的意思。"修正主义"一词，是在共产主义运动中对马克思主义进行歪曲、篡改、否定的一类资产阶级思潮和政治势力，是国际工人运动中打着马克思主义旗号反对马克思主义的机会主义思潮。

英国工人宪章运动

宪章运动是1838年到1848年发生在英国的一场普通劳动者要求社会政治改革的群众运动，是世界三大工人运动之一。列宁称之为"世界上第一场大规模的劳动阶级运动"。宪章运动的目的是，工人们要求取得普选权，以便有机会参与国家的管理。"普选权问题是饭碗问题",工人阶级希望通过政治变革来提高自己的经济地位。

宗派主义

宗派主义是指党内存在的一种以宗派利益为出发点的思想和行为,是封建宗派思想、资产阶级、小资产阶级思想在组织上的表现。主要表现为:在个人与党的关系上,把个人放在第一位,把党放在第二位,向党闹独立性;在组织上,任人唯亲,在同志中拉拉扯扯,把资产阶级的庸俗作风搬进党里来;在党内关系上,只强调局部利益,只要民主,不要集中,不遵守个人服从组织、少数服从多数、下级服从上级、全党服从中央的民主集中制原则,进行无原则的派别斗争;在和党外人士的关系上,妄自尊大,骄傲自满,不尊重人家,不学习人家的长处,不愿和人家合作等。

第二次工业革命

第二次工业革命,也称第二次科技革命,是指1870年至1914年的工业革命。其中西欧和美国以及1870年后的日本,工业得到飞速发展。第二次工业革命紧跟着18世纪末的第一次工业革命,并且从英国向西欧和北美蔓延。第二次工业革命以电力的大规模应用为代表,以电灯的发明为标志。

经济危机

经济危机指的是一个或多个国家经济或整个世界经济在一段比较长的时间内不断收缩（即产生负的经济增长率）。

劳动对象

劳动对象指劳动本身所对应的客体，比如耕作的土地、纺织的棉花等。包括两大类：一是自然界的物质，即未经人类加工过的自然物，如矿藏；一是人类劳动加工过的，用作原材料的产品，如棉花、钢铁等。

劳动力

劳动力，即人的劳动能力，指蕴藏在人体中的脑力和体力的总和。物质资料生产过程是劳动力作用于生产资料的过程。离开劳动力，生产资料本身是不可能创造任何东西的。但是，在物质资料生产过程中，劳动力发挥作用，除了必须具备一定的生产经验和劳动技能或科学文化知识外，还必须具备一定量的生产资料，否则，物质资料生产过程也是不能进行的。劳动者在生产过程中运用自己的劳动力和生产工具，作用于劳动对象，既可以创造出物质财富，也可以不断提高自己的劳动技能。

生产资料

生产资料，也称作生产手段，是马克思主义理论家认定的生产力三要素之一。生产资料主要指劳动者进行生产时所需要使用的资源和工具。一般包括土地、厂房、机器设备、工具、原料，等等。生产资料是生产过程中的劳动资料和劳动对象的总和，它是任何社会进行物质生产所必备的物质条件。

剩余价值

根据马克思主义理论，剩余价值是指从劳动者的劳动价值中剥削出来的利润（劳动价值和工资之间的差异），即"劳动者创造的被资产阶级无偿占有的劳动"。剩余价值概念是马克思主义政治经济学的核心概念，马克思主义政治经济学认为资本主义生产的实质就是剩余价值的生产，剩余价值规律是资本主义的基本经济规律，它决定着资本主义的一切主要方面和矛盾发展的全部过程，决定着资本主义生产的高涨和危机，决定着资本主义的发展和灭亡。

资本

资本，在经济学意义上，指的是用于生产的基本生产要素，即资金、厂房、设备、材料等物质资源。在金融学和会计领域，资本通常用来代表金融财富，特别是用于经商、兴办企业的金融资产。广义上，资本也可作为人类创造物质和精神财富的各种社会经济资源的总称。

资本主义

资本主义，也被称为自由市场经济或自由企业经济，其特色是个人或是企业拥有资本财产，且投资活动是由个人决策左右，而非由国家所控制，一般并没有准确之定义，不同的经济学家也对资本主义有不同的定义。一般而言，资本主义指的是一种经济学或经济社会学的制度，在这样的制度下绝大部分的生产资料都归私人所有，并借着雇佣或劳动的手段以生产资料创造利润。在这种制度里，商品和服务借由货币在自由市场里流通。投资的决定由私人进行，生产和销售主要由公司和工商业控制并互相竞争，依照各自的利益采取行动。

形而上（学）

形而上出自《易经·系辞》，原文为"形而上者谓之道，形而下者谓之器"。用现代的思维讲，形而下就是指具体的器物（可以拓展到感性的事物），形而上就是指比较抽象的规律（包含做人做事的原则）。形而上是精神方面的宏观范畴，用抽象（理性）思维，形而上者道理，起于学，行于理，止于道，故有形而上者谓之道；形而下是物质方面的微观范畴，用具体（感性）思维，形而下者器物，起于教，行于法，止于术，故有形而下者谓之器。

形而上学（metaphysics，意为"物理学之后"）是哲学术语，哲学史上指哲学中探究宇宙根本原理的部分。马克思认为形而上学是指与辩证法对立的，用孤立、静止、片面的观点观察世界的思维方式。黑格尔把形而上学作为与辩证法相对立的一种机械教条的研究方法来批判，因此，形而上学也可以被表述成为教条主义。

共产主义社会

共产主义社会是一种社会形态，它是在生产资料公有制的条件下，在高度发达的社会生产力的基础上所实行的一种各尽其职、按需分配的劳动者自由联合的社会经济形态。

俄国二月革命

俄国二月革命是1917年3月8日于俄罗斯发生的民主革命，是俄国革命的序幕。其即时结果就是沙皇尼古拉二世被迫退位，俄罗斯帝国灭亡。二月革命结束了封建专制的统治，之后出现了两个政权并立的局面，即资产阶级临时政府和苏维埃政权。后又因为临时政府的措施不当，爆发了十月革命。以列宁为首的苏维埃政权控制了局面。二月革命为俄国无产阶级反对资产阶级、争取社会主义的斗争创造了有利的条件。发生在第一次世界大战期间的二月革命的胜利，促进了欧洲各国被压迫人民和被压迫民族反对帝国主义战争、反对本国反动政府、争取民主权利和民族解放的革命运动的高涨。

孟什维克

孟什维克（俄文音译，意为少数派）是俄国社会民主工党中的一个派别。孟什维克由马尔托夫领导，主张信任群众行动的自发性，涵盖所有无产阶级民众的所有行动。1903年召开俄国社会民主工党第二次代表大会期间，以列宁为首的马克思主义者同马尔托夫等人在制定党章时发生尖锐分歧。大会在选举中央领导机关成员时，拥护列宁的人得多数票，称布尔什维克（意为多数派），马尔托夫等得少数票，称孟什维克。会后，孟什维克发展成为俄国社会民主工党内主要的右倾机会主义派别，其观点称为孟什维主义。

十月革命

十月革命（又称布尔什维克革命、俄国共产革命等），是1917年俄国革命经历了二月革命后的第二个阶段。十月革命发生于1917年11月7日（俄历10月25日）。前苏联、中国等社会主义国家及组织普遍认为，十月革命是经列宁和托洛茨基领导下的布尔什维克领导的武装起义，建立了人类历史上第二个无产阶级政权（第一个是巴黎公社无产阶级政权）和由马克思主义政党领导的第一个社会主义国家——苏维埃俄国。革命推翻了以克伦斯基为领导的资产阶级俄国临时政府，为1918年—1920年俄国内战和1922年苏联成立奠定了基础。

共产主义

共产主义是一种政治思想，主张消灭私有产权，并建立一个各尽所能、按需分配的生产资料公有制（进行集体生产）社会，而且是一个没有阶级制度、国家和政府的社会。在这一体系下，土地和资本财产为公共所有。其主张劳动的差别并不会导致占有和消费的任何不平等，并反对任何特权。在科学共产主义（马克思主义及其各流派）的理论中，它在发展上分两个阶段，初级阶段是社会主义，高级阶段是共产主义。通常所说的共产主义，指共产主义的高级阶段。

按照马克思主义理论（历史唯物主义），资本主义必将为共产主义所取代，这是不以人们的意志为转移的社会发展的历史规律。因随着工业革命后各种机械自动化生产所带来的高生产力，长期而言经济生产所需的人力将愈来愈少，在私有财产制度下绝大多数人将会失业，因此，社会若想继续和平发展就必须进入共产主义，将愈来愈少的工作量分配给各个工作的人，除了为兴趣而自愿长期工作的人之外，基本上多数人可减少许多工作时间就能维持日常生活。共产主义思想在实行上，需要人人有高度发达的集体主义精神，而这就要求社会生产力达到充分的发展和极度的发达。

基督

基督，基利斯督之简称，来自于希腊语，是亚伯拉罕诸教中的术语，原意是"受膏者"（中东地区肤发易干裂，古代的以色列王即位时必须将油倒在国王的头上，滋润肤发，象征这是神用来拯救以色列人的王，后来转变成救世主的意思），也等同于希伯来语中的名词弥赛亚，意思为"被涂了油的"。在基督教、圣经当中基督是"拿撒勒"主耶稣的专有名字，即"主耶稣基督"。

基督教

基督教是一种以新旧约全书为圣经，信仰神和天国的宗教，发源于中东地区。在人类发展史中，基督教扮演着非常重要的角色，中世纪到文艺复兴尤甚。基督徒是相信耶稣为神（天主或称上帝）的圣子、人类的救主（弥赛亚，即基督）的一神论宗教。基督教与伊斯兰教、佛教并列为当今三大世界性宗教。基督教主要有天主教（又称公教会）、希腊正教（又称正教会、东正教）、基督新教（华人俗称基督教）三大派别，以及其他许多规模较小的派别。基督教虽然发源于中东地区，但后来由于阿拉伯帝国和奥斯曼土耳其帝国的兴起、扩张和持续打压，基督教的传播中心逐渐转移至欧洲，并在欧洲发扬光大，并由此传播至远东、美洲、非洲、大洋洲等地。中文语汇的"基督教"一词时常是专指基督新教，这是中文目前的特有现象。基督教徒约有17亿7千万人。天主教徒占其中的52.89%（约10亿人），基督新教占其中的17.63%（约3亿人），而东正教则占其中的10.64%（约2亿人）。

社会主义

社会主义是一套经济体系和政治理论，主张或提倡公共或以整个社会作为整体，来拥有和控制生产资料（产品、资本、土地、资产等），其管理和分配基于公众利益。其提倡由集体或政府拥有与管理生产工具，分配物资。社会主义分为了诸多流派，从建立合作经济管理结构到废除等级制度以至于自由联合。作为一项政治运动，社会主义的政治哲学主张从改良主义到革命社会主义均有分布。如国家社会主义主张通过推动生产、分配和交换全方位的国有化来实现社会主义；自由社会主义倡导工人传统地控制生产方式，反对国家权力来进行管理；民主社会主义则通过民主化进程来寻求建立社会主义。

现代社会主义理论始于18世纪知识分子与工人阶级发起的批评工业化与私有财产对社会影响的政治运动。早期的空想社会主义者，诸如罗伯特·欧文曾试图建立一个自给自足并脱离资本主义社会的公社；而圣西门则创造了名词socialisme，提倡技术官僚与计划工业的应用。马克思和恩格斯共同设计创造了一个理想的社会制度，通过除去导致不合格与周期性生产过剩的无政府主义和资本主义生产，来允许广泛应用现代科技，从而将经济活动合理化。在19世纪初期，社会主义还只是表明关注社会问题；到了19世纪末期，社会主义已经成为了建立基于社会共有的新体制的推动力，并站到了资本主义的对立面。

乌托邦

乌托邦，也称理想乡，无何有之乡（源于《庄子》），是一个理想的群体对社会的构想，名字由托马斯·摩尔的《乌托邦》一书中所写的完全理想的共和国"乌托邦"而来。意指理想完美的境界，特别是用于表示法律、政府及社会情况。托马斯·摩尔在书中虚构了一个大西洋上的小岛，小岛上的国家拥有完美的社会、政治和法制体系。这个词用来被描述成一种被称为"意向社群"的理想社会和文学虚构的社会。

教条主义

教条主义是主观主义的一种表现形式，亦称本本主义。主要特点是从书本的个别定义、词句出发，不从实际出发。无产阶级革命队伍中的教条主义者，不把马克思列宁主义当作行动的指南，而是把它当作僵死的教条和不变的公式，到处生搬硬套。他们不愿做艰苦细致的调查研究工作，不肯动脑分析具体问题，反对理论和实践相结合，脱离实际，脱离群众。用这种思想方法指导工作，会给革命和建设事业带来严重危害。

个体经济

以生产资料个体所有和个体劳动为基础的经济。如小农经济、小手工业经济、个体商业等。原始社会解体时产生，存在于奴隶社会、封建社会、资本主义社会和社会主义社会，但从来没有成为独立的社会经济形态，而总是从属于占统治地位的经济。具有规模小、经营分散、经济不稳定等特点。在我国，经过社会主义改造，绝大部分个体经济已经转变为社会主义集体经济。但在社会主义国营经济和集体经济占绝对优势的前提下，在法律规定的范围内允许个体经济存在，作为社会主义公有制经济的补充。

共产国际

共产国际，亦称"第三国际"，1919年3月2日至6日在列宁的领导下，在莫斯科召开了共产国际第一次代表大会。参加大会的有来自欧、亚、美洲21个国家的35个政党和团体的代表52人，通过了列宁起草的《共产国际宣言》、《共产国际行动纲领》等文件，宣告了共产国际的成立。共产国际在其存在的24年中，共召开过7次代表大会和13次执行委员会全会。共产国际在列宁领导期间，成绩比较显著。1924年1月，列宁去世后，共产国际出现了一些错误。总的来说，共产国际在宣传马克思列宁主义，团结各国无产阶级和被压迫民族，领导和推动无产阶级革命运动，促进亚非拉民族解放运动，反对帝国主义和法西斯主义，促进各国共产党的成长等方面起了重大的作用。

价值规律

价值规律，亦称"价值法则"，是商品生产和商品交换的基本规律。其主要内容和客观要求是商品的价值量由生产商品的社会必要劳动时间决定，商品按照价值量相等的原则进行交换。在以货币为媒介的商品交换中，要求价格符合于价值。

马克思列宁主义

马克思列宁主义是马克思主义和列宁主义的统称。马克思主义是对马克思和恩格斯的观点和学说的总体称谓，是无产阶级及其政党的十分严整而彻底的世界观，是无产阶级开展解放运动的理论指导，是无产阶级根本利益的科学表现。列宁主义是帝国主义和无产阶级革命时代的马克思主义，是由列宁和他的战友在参加和领导俄国和国际工人运动的实践活动中，在同第二国际机会主义作斗争中，总结无产阶级新的历史经验和科学发展的新成果而形成的。它使无产阶级专政成为现实，使社会主义从科学的理论变成现实的社会制度。

生产力

生产力，又称"社会生产力"，是人们征服自然、改造自然、获得物质资料的能力。生产力和生产关系是社会生产不可分割的两个方面。生产力包括劳动者、劳动资料和劳动对象三大要素。

自然经济

自然经济，也叫小农经济，是商品经济的对立面，是私有制经济的一种表现，是存在于市场范围比较小的一种经济形态，是社会生产力水平低下和社会分工不发达的产物。该种经济形态占统治地位的持续时间涵盖原始社会、封建社会以及早期的资本主义社会与半殖民地半封建社会。

拜金主义

拜金主义是一种在近代兴起的价值观，持此观念的人认为"在社会上，无钱万万不能"、"金钱至上"，这种价值观被认为起源于资本主义鼓励人类追求自我物质利益的思想主张，而许多广告也被认为有助长社会整体拜金主义风气的作用。拜金主义经常引起许多批评，尤其被保守派的人士抨击为造成现代社会物欲横流、道德沦丧的象征之一。批评者认为，拜金主义者太过强调金钱的重要性，以致拜金主义者变得唯利是图，对许多事物经常只看得到表面，看不到其内涵，精神层面也极为空虚。然而也有人认为，追求更好、更富裕的生活是所有人类的本性，而拜金主义不过是在现代资本主义社会的风气下，人类此种本性的一种反映而已。

簿记

簿记是为了管理经济主体因经济交易而产生的资产、负债、资本的增减，以及记录在一定期间内的收益和费用的记账方式。一般说到簿记是指复式的商业簿记。

等价形式

当商品A通过不同种商品B的使用价值表现自己的价值时，它就使商品B取得了一种特殊的价值形式，即等价形式。

汇率

汇率，亦称外汇行市或汇价，是一国货币兑换另一国货币的比率，是以一种货币表示另一种货币的价格。由于世界各国货币的名称不同，币值不一，所以一国货币对其他国家的货币要规定一个兑换率，即汇率。从短期来看，一国的汇率由对该国货币兑换外币的需求和供给所决定。外国人购买本国商品、在本国投资以及利用本国货币进行投机会影响本国货币的需求。本国居民想购买外国产品、向外国投资以及外汇投机会影响本国货币供给。在经济学上，汇率定义为两国货币之间兑换的比例。通常会将某一国的货币设为基准，以此换算他国等金额价值的货币。

汇率的特性在于它多半是浮动的比率。只要货币能够透过汇率自由交换，依交换量的多寡，就会影响隔天的汇率，因此，有人也以赚汇差营利，今日以较低的比率购进某一外币，隔日等到较高的比率出现时，再转手卖出，所以有时汇率也能看出一个国家的经济状况。此外，外汇储备也能看出这个国家的出口贸易状况。

货币

货币是用作交易媒介、储藏价值和记账单位的一种工具，是专门在物资与服务交换中充当等价物的特殊商品。既包括流通货币，尤其是合法的通货，也包括各种储蓄存款。在现代经济领域，货币的领域只有很小的部分以实体通货方式显示，即实际应用的纸币或硬币，大部分交易都使用支票或电子货币。货币区是指流通并使用某一种单一的货币的国家或地区。不同的货币区之间在互相兑换货币时，需要引入汇率的概念。

级差地租

级差地租是一个相对于绝对地租的概念，它是指租佃较好土地的农业资本家向大土地所有者缴纳的超额利润。这个超额利润是由优等地和中等地农产品的个别生产价格低于按劣等地个别生产价格决定的社会生产价格的差额决定的。

价值

价值，泛指客体对于主体表现出来的积极意义和有用性。可视为是能够公正且适当反映商品、服务或金钱等值的总额。在经济学中，价值是商品的一个重要性质，它代表该商品在交换中能够交换得到其他商品的多少，价值通常通过货币来衡量，称为价格。这种观点中的价值，其实是交换价值的表现。

　　根据新古典主义经济学（目前比较流行的一种经济学理论），物体的价值就是该物体在一个开放和竞争的交易市场中的价格，因此，价值主要取决于对于该物体的需求，而不是供给。有些经济学者经常把价值等同于价格，不论该交易市场存在竞争与否。而古典经济学则认为价值和价格并不等同。按照马克思主义政治经济学的观点，价值就是凝结在商品中无差别的人类劳动，即商品价值。马克思还将价值分为使用价值（给予商品购买者的价值）和交换价值（使用价值交换的量）。

价值量

　　商品的价值量是商品价值的大小，通常是单位价值量。商品的价值量不是由各个商品生产者所耗费的个别劳动时间决定的，而是由社会必要劳动时间决定的。商品是劳动产品，商品的价值是由劳动形成的，因而它的价值量要由生产商品所耗费的劳动时间来衡量。在其他条件不变的情况下，商品的价值量越大，价格越高；商品的价值量越小，价格越低。若其他因素不变，单位商品的价值量与生产该商品的社会劳动生产率成反比。价值决定价格，价格是价值的货币表现，价值是价格的基础。

交换价值

交换价值指的是当一种产品在进行交换时，能换取到其他产品的价值。交换价值在马克思的学说中，是物品借着一种明确的经济关系才能够产生出的价值，也就是说，经济关系乃是交换价值的背景。交换价值只有在一个产品进行交换时，特别是产品作为商品在经济关系中出售及购买时，才具有意义。交换价值的根本属性是产品的使用价值，但是交换价值在商品交易中根据双方需求会发生较大的波动。例如，1升水在平时和旱季，其使用价值是一样的，但是交换价值的变化却很大。

绝对地租

绝对地租是资本主义地租的一种形式。在资本主义制度下，由于土地为地主所私有，因此不论租种上等地或者租种土质最坏的地，地主都要收取地租。这种由于土地私有制的存在，不论租种好地坏地都绝对必须交纳的地租，马克思把它叫作绝对地租。

绝对剩余价值

绝对剩余价值指在必要劳动时间不变的条件下，通过绝对延长工作日，从而绝对延长剩余劳动时间生产出来的剩余价值。

让渡

让渡，就是权利人将自己有形物、无形的权利，或者是有价证券的收益权等通过一定的方式，全部或部分地以有偿或者无偿的方式转让给他人所有或者占有，或让他人行使相应权利。在商品经济中，买进卖出就是一种非常普遍的有偿让渡形式；而对别人或相关地区的捐赠，就是一种无偿的让渡。

商品

商品是一种用于满足购买者欲望和需求的产品。狭义概念中的商品是一种有形的物质产品，区别于无形的服务。就其本身而论，商品能以有形的方式交付给购买者，并且它的所有权也一并由销售者转移给了顾客。例如，苹果是有形的商品，相对而言，理发则是一种无形的服务。

商品拜物教

在马克思主义理论中，商品拜物教是资本主义市场社会中的社会关系的一种形态，其中社会关系体现为一种基于商品或货币的客体关系，主要表现为劳动商品化和异化。"商品拜物教"一词由马克思在《资本论》第一卷（1867年）中首创。马克思之所以用拜物教一词，可以解释为对工业社会"理性"、"科学"心态的嘲讽。在马克思的时代，这个词主要是用来形容原始宗教。商品拜物教意味着如此的原始信仰体系其实还留在现代社会的核心。依他的见解，商品拜物教是私有制在资本主义的社会关系中造成的幻影，它在资本主义社会的主流意识形态中占据中心地位。

社会必要劳动时间

社会必要劳动时间是与"个别劳动时间"相对而言的，指在现有的社会正常的生产条件下，在社会平均的劳动熟练程度和劳动强度下制造某种使用价值所需要的劳动时间。这里的"现有的社会正常的生产条件"是指现时某生产部门的平均生产条件，或大多数商品生产者所具有的生产条件，其中最主要是劳动工具的状况；这里的"平均的劳动熟练程度和劳动强度"是指中等水平或部门的平均劳动熟练程度和劳动强度。如生产一件上衣，各个商品生产者由于设备、技术熟练程度等差别，个别劳动时间从2小时到4小时不等，但一般用3小时的劳动就能生产出来，这3小时就是生产上衣的社会必要劳动时间，它随社会劳动生产率的提高而减少。另外，马克思在分析社会生产各部门之间按比例分配社会总劳动的必要性时，提出另一个意义上的社会必要劳动时间，是指满足社会对某种产品的需要而必须分配到某一部门去的那部分社会劳动时间，如社会需要10万双鞋，每双鞋需平均耗费社会劳动时间1小时，则生产鞋所需的社会必要劳动时间为10万小时。

生息资本

生息资本，是为了获取利息而暂时贷放给他人使用的货币资本。

使用价值

使用价值，是一切商品都具有的共同属性之一。任何物品要想成为商品都必须具有可供人类使用的价值；反之，毫无使用价值的物品是不会成为商品的，使用价值是物品的自然属性。马克思主义政治经济学认为，使用价值是由具体劳动创造的，并且具有质的不可比较性。比如，人们不能说橡胶和香蕉哪一个使用价值更高。使用价值是价值的物质基础，和价值一起，构成了商品二重性。

私有制

私有制，也叫所有制，是相对于公有制的经济制度，是在这种制度下进行的生产资料个人或集体的排他性占有。私有制是剥削社会（以奴隶社会、封建社会、资本主义、特权主义和专制社会为代表）的基本标志之一。

相对价值形式

商品交换的价值关系中同等价形式相对立的一极。处于相对价值形式上的商品，在价值关系中起着主动的作用，是主动地要表现自己价值的商品。

相对剩余价值

把通过缩短必要劳动时间、相应地改变工作日的两个组成部分的量的比例而生产的剩余价值，叫做相对剩余价值。

虚拟资本

虚拟资本是独立于现实的资本运动之外、以有价证券的形式存在、能给持有者按期带来一定收入的资本，如股票、公债券、不动产抵押单等。虚拟资本是随着借贷资本的出现而产生的，它在借贷资本的基础上成长，并成为借贷资本的一个特殊的投资领域。

一般等价物

一般等价物是从商品中分离出来的，充当其他一切商品的统一价值表现材料的商品。一般等价物的出现，是商品生产和交换发展的必然结果。历史上，一般等价物曾由一些特殊的商品承担，随着社会的进步，黄金和白银成了最适合执行一般等价物职能的货币。货币是从商品中分离出来固定充当一般等价物的特殊商品。

庸俗经济学

庸俗经济学是资产阶级政治经济学的一个发展阶段，产生于18世纪末，大致结束于19世纪70年代。当时，法国出现一种自由主义思潮，以巴师夏、凯里为首的经济学家认为，世界是让每个自然人独立施展才能的大舞台，而资本主义是最符合人性的舞台设计，因此，它能以最快的速度去积聚财富，马克思称之为庸俗经济学。这种学说不愿意从历史的发展过程中考察资本形成的原因，更不愿意看到资本主义是建筑在绝大多数人陷入相对贫困的基础上的事实。庸俗经济学的主要代表人物有：西尼尔、穆勒、萨伊马尔萨斯等。

纸币

纸币，又叫钞票，是指以柔软的物料（通常是特殊的纸张）印制成的特殊货币凭证，通常是由国家发行并强制使用的一种货币符号。纸币本身不具价值，虽然作为一种货币符号，但其不能直接行使价值尺度职能，而是由国家对其面值进行定义。纸币是当今世界各国普遍使用的货币形式，而世界上最早出现的纸币，是中国北宋时期四川成都的"交子"。中国是世界上使用纸币最早的国家。

机会主义

机会主义，也称投机主义，指为了达到自己的目标不择手段的做法，突出的表现是不按规则办事，视规则为腐儒之论，其最高追求是实现自己的目标，以结果来衡量一切，而不重视过程。如果它有原则的话，那么它的最高原则就是成王败寇。机会主义也可指工人运动或无产阶级政党内部出现的违背马克思主义根本原则的思潮、路线。它是资产阶级或小资产阶级思想的反映。机会主义有两种表现形式：一种是右倾机会主义，另一种是"左"倾机会主义。

无产阶级

根据马克思主义理论，无产阶级一词指不拥有生产资本，单纯靠出卖劳动力获取收入的劳动者。马克思主义理论把无产阶级划分为普通无产阶级和下层无产阶级。在实际使用的含义中，近似地等同于近代以来出现的，主要受雇于资本家，依靠雇佣工资生活的工人群体。在马克思的理论中，无产阶级是被资产阶级通过剥削其生产价值和工资之间的差异（剩余价值）以获得利润的对象，因此，其大多在生存水平线上挣扎，教育相对落后(除非有极佳的社会福利)，直到难以生存时，便容易铤而走险，当人数够多时，便会起身革命，尝试推翻现有政府及资本家。在社会主义社会，工人阶级已摆脱了被剥削、被压迫的地位，成为掌握国家政权的领导阶级。

资产阶级

资产阶级是指占有社会生产资料并使用雇佣劳动的现代资本家阶级，其本质是以生产资料为手段无偿占有雇佣工人的劳动，是现代社会中的主要剥削阶级。

小资产阶级

小资产阶级，指占有一定的生产资料或有少量财产的私有者，一般指不受他人剥削，也不剥削别人（或仅有轻微剥削），主要靠自己劳动为生的个体劳动者阶级。它在资本主义社会里是非基本的阶级，亦称为中间等级，主要包括农民、小手工业者、小商人、小业主等。作为劳动者，在思想上倾向于无产阶级；作为私有者，又倾向于资产阶级，极易受资产阶级思想的影响。因此，在反对封建主义的斗争中既具有革命性，同时也存在政治上的动摇性、斗争中的软弱性和革命的不彻底性。随着资本主义的发展，他们不断地向两极分化，大部分破产沦落为无产阶级或半无产阶级，小部分发财上升为资产阶级。

辩证法

辩证法是关于对立统一、斗争和运动、普遍联系和变化发展的哲学学说，源出希腊语"dialego"，意为谈话、论战的技艺，指一种逻辑论证的形式。现在用于包括思维、自然和历史三个领域中的一种哲学进化的概念，也用来指和形而上学相对立的一种世界观和方法论。

不可知论

不可知论是一种唯心主义的认识论，认为除了感觉或现象之外，世界本身是无法认识的。它否认社会发展的客观规律，否认社会实践的作用。不可知论最初是由英国生物学家T.H.赫胥黎于1869年提出的。不可知论断言人的认识能力不能超出感觉、经验和现象的范围，不能认识事物的本质及发展规律。在现代西方哲学中，许多流派从不可知论出发来否定科学真理的客观性，否认认识世界的可能性或者否认彻底认识世界的可能性。

概念

概念也称观念，是抽象的、普遍的想法、观念或充当指明实体、事件或关系的范畴和类的实体。在它们的外延中忽略事物的差异，如同它们是同一地去处理它们，所以概念是抽象的。它们等同地适用于在它们外延中的所有事物，所以它们是普遍的。

概念是意义的载体，而不是意义的主动者。一个单一的概念可以用任何数目的语言来表达；术语则是概念的表达形式。概念在一定意义上独立于语言的事实使得翻译成为可能——在各种语言中词有同一的意义，因为它们表达了相同的概念。概念是人类对一个复杂的过程或事物的理解。从哲学的观念来说，概念是思维的基本单位。

可知论

可知论认为世界是可以为人所认识的，世界上只有尚未被认识的事物，不存在不能认识的事物。一切的唯物主义者都是可知论者，他们坚持物质第一性，意识第二性；彻底的唯心主义者也是可知论者，但他们坚持意识第一性，物质第二性。

矛盾

矛盾出自《韩非子》中《难一》所述故事，一般指在两个或更多陈述、想法和行动之间的不一致。在马克思主义哲学概念中，事物自身包含的既对立又统一的关系叫作矛盾。简言之，矛盾就是对立统一。所谓对立，是指矛盾双方相互排斥、互相斗争。所谓统一是指如下两种情形：第一，矛盾双方在一定条件下相互依存，一方的存在以另一方的存在为前提，双方共处于一个统一体中。第二，矛盾着的双方，依据一定的条件，各向自己相反的方向转化。它们中的一方对另一方的否定，以及在旧矛盾向新矛盾的转化中对旧矛盾的否定，都不是单纯的否定，而是辩证的否定，即否定之中有肯定，肯定之中有否定。

判断

判断是肯定或否定某种事物的存在，或指明某一对象是否具有某种属性，和事物情况之间的关系的思维过程。在形式逻辑上，判断常用一个命题表达出来。

世界观

世界观，也叫宇宙观，是哲学的朴素形态。世界观是人们对整个世界的总的看法和根本观点。由于人们的社会地位不同，观察问题的角度也不同，就形成了不同的世界观。哲学是其理论表现形式。世界观的基本问题是精神和物质、思维和存在的关系问题，根据对这两者关系的不同回答，划分为两种根本对立的世界观基本类型，即唯心主义世界观和唯物主义世界观。

推理

推理是根据事物之间的联系，由已有判断推出新判断的一种思维形式。判断组成推理，已有判断叫前提，推出的新判断叫结论，推理就是由前提推出结论的思维过程，是人类思维创造性的体现。

唯物主义

唯物主义即唯物论，是一种哲学理论，肯定世界的基本组成为物质，物质形式与过程是我们认识世界的主要途径，持着"只有事实上的物质才是真实存在的实体"这一种观点，并且被认为是物理主义的一种形式。该理论的基础是，所有的实体（和概念）都是物质的一种构成或者表达，并且，所有的现象（包括意识）都是物质相互作用的结果，在意识与物质之间，物质决定了意识，而意识则是客观世界在人脑中的生理反应，也就是有机物出于对物质的反应。因此，物质是唯一事实上存在的实体。作为对现实世界的一种解释，唯物主义是唯心主义和心灵主义的一个对立面。

唯物主义有机械唯物主义和辩证唯物主义的区别，机械唯物主义认为物质世界是由各个个体组成的，如同各种机械零件组成一个大机器，不会变化；辩证唯物主义认为物质世界永远处于运动与变化之中，是互相影响、互相关联的。机械唯物论的代表人物是费尔巴哈，辩证唯物论的代表人物是马克思、恩格斯和列宁。

唯心主义

唯心主义即唯心论，又译作理念论、观念论，是哲学中对思想、心灵、语言及事物等彼此之间关系的讨论及看法。唯心论秉持世界或现实如同精神或意识，都是根本的存在。唯心论直接相对于唯物论，后者认为世界的基本成分为物质，我们对世界的认识主要是通过物质，并将其视为一种物质形式与过程。唯心论同时也反对现实主义的哲学观，后者认为在人类的认知中，我们对物体的理解与感知，与物体独立于我们心灵之外的实际存在是一致的。

马克思主义哲学则认为唯心论是哲学上的两大基本派别之一，是与唯物论对立的理论体系。唯心论在哲学基本问题上主张精神、意识的第一性，物质的第二性，也就是说，唯心论主张物质依赖意识而存在，物质是意识的产物的哲学派别，并认为可以区分为主观唯心论和客观唯心论两种基本类型。

哲学

哲学是研究范畴及其相互关系的一门学问。范畴涉及到一门学科的最基本研究对象、概念和内容，哲学具有一般方法论的功能。

封建主义

封建主义包括三个方面：一是指封建专制制度，包括政治、经济制度在内的整个社会制度；二是指意识形态；三是指以封建主义思想为指导，为建立或复辟封建专制制度而进行的活动。三者之间相互联系又相互区别，不能等同和混淆。也可以说，封建主义在经济上代表的是地方保护主义和部门主义；在政治上代表的是专制主义和宗法制度；在思想上代表的是纲常伦理、宗法意识和社会生活中的各种落后、愚昧现象、迷信思想和活动。包括制度、活动、思想三方面含义的封建主义，才能称之为完整意义上的封建主义。

德尔菲神庙

德尔菲城阿波罗神庙始建于公元前7世纪，在古希腊时代被认为是世界的中心，也是古希腊的宗教中心和统一的象征。神庙区还有露天剧场和圣路，圣路两旁有希腊各邦为供奉诸神而兴建的礼物库、祭坛、纪念碑、柱廊等。德尔菲神庙1987年被列入世界遗产名录。遗址位于雅典西北方帕尔纳索斯山麓，因居于该地的德尔菲族人而得名。

海格特公墓

英国伦敦的公墓，位于英国伦敦北郊的海格特地区，分东西两个部分。西海格特公墓于1839年成立，包括两个都铎风格的教堂，一个古埃及风格的大道和大门（仿造古埃及著名的国王谷建筑），还有哥特风格的墓穴；东海格特公墓于1854年成立，两年后东部也投入运营。马克思及其家人的墓就在于此，公墓还埋葬着英国物理学家和化学家法拉第、小说家乔治·艾略特。

贵金属

贵金属，通常用来指代黄金、白银和白金三种价格昂贵、外表美观、化学性质稳定、具有较强的保值能力的金属，其中黄金的地位尤其重要。在布雷顿森林体系崩溃之前，西方各国货币均与美元挂钩，美元则与黄金挂钩，许多国家都公布本国货币的含金量。20世纪70年代后期，随着世界金融格局的重组和通货膨胀得到缓解，黄金等贵金属的地位有所下降，但仍被视为世界通用的交换媒介和保值工具。

爱德华·伯恩施坦

爱德华·伯恩施坦（1850—1932），是德国社会民主党的著名活动家，他一生的理论和政治活动经历了不同阶段：小资产阶级激进民主主义者，马克思主义者，修正主义者。从1881年初担任党机关报《社会民主党人报》编辑到1895年恩格斯逝世，这15年是伯恩施坦的黄金时代。他是作为一位杜林主义者加入德国社会民主党的，以拉萨尔主义和杜林主义的眼光来看待马克思和马克思主义。在此期间，他在恩格斯的直接关怀和指导下，对于传播马克思主义、反对党内机会主义、揭露和批判统治阶级的反动政策等方面，对党内的建设做出了重大贡献，因此，他在党内和国际工人运动中赢得了很高的声誉。列宁也曾说，伯恩施坦当时是一个"革命的社会民主党人"。1895年8月恩格斯逝世后，伯恩施坦"修正"马克思主义基本原理的倾向开始公开显露出来。1896年至1898年，他在《新时代》上以《社会主义问题》为总题目发表的一组文章，成为他对马克思主义"传统解释"的最初"批判"，成为这一时期对马克思主义公开责难的代表，开启了德国社会民主党内关于什么是马克思主义、如何发展马克思主义的大争论。

爱尔维修

克洛德·阿德里安·爱尔维修（1715—1771），是18世纪法国唯物主义哲学家，法国启蒙思想家。他出生在巴黎一个宫廷医生的家庭，毕业于耶稣会办的专科学校，曾任总报税官。他考察了第三等级的贫困生活和封建贵族的糜烂生活，因而痛恨封建制度。后来，他辞去官职，专心著述，并和思想家狄德罗、霍尔巴赫等人参加了《百科全书》的编辑工作，对封建制度及教会进行了无情的揭露和批判。他的主要著作包括《论精神》和《论人的理智能力和教育》。

奥格斯特·倍倍尔

奥格斯特·倍倍尔（1840—1913），德国社会民主党的主要领导人之一，德国和国际工人运动活动家。1840年2月22日生于普鲁士，1913年8月13日卒于瑞士格尔桑斯。1865年8月结识李卜克内西，在其帮助下成长为社会主义者。1866年同李卜克内西创建萨克森人民党，加入第一国际。次年当选为德国工人协会联合会主席，并促使该会于1868年参加第一国际。1867年当选北德意志联邦议会议员，成为议会中第一个工人代表，坚决反对俾斯麦的"铁血政策"，主张通过自下而上的革命统一德意志。他和李卜克内西于1869年8月共同创建德国社会民主工党（爱森纳赫派），并制定了党纲。

柏拉图

柏拉图（约前427—前347），古希腊伟大的哲学家，也是全部西方哲学乃至整个西方文化最伟大的哲学家和思想家之一。他和老师苏格拉底、学生亚里士多德并称为古希腊三大哲学家。柏拉图出身于雅典贵族家庭，青年时师从苏格拉底。苏格拉底死后，他游历四方，曾到埃及、北非、小亚细亚沿岸和意大利南部从事政治活动，企图实现他的贵族政治理想。公元前387年活动失败后，游历12年的柏拉图逃回雅典，在一所称为阿卡德米的体育馆附近建立了一所学园，此后执教40年，直至逝世。他一生著述颇丰，其教学思想主要集中在《理想国》和《法律篇》中。柏拉图是西方客观唯心主义的创始人，其哲学体系博大精深，对其教学思想影响尤甚。柏拉图认为世界由"理念世界"和"现象世界"所组成。理念的世界是真实的存在，永恒不变，而人类感官所接触到的这个现实的世界，只不过是理念世界的微弱的影子，它由现象所组成，而每种现象是因时空等因素而表现出暂时变动等特征。由此出发，柏拉图提出了一种理念论和回忆说的认识论，并将它作为其教学理论的哲学基础。

保尔·拉法格

保尔·拉法格（1842—1911），法国杰出的马克思主义理论家，法国工人党和第二国际创建人之一。拉法格反对新康德主义和哲学上的修正主义，捍卫和宣传辩证唯物主义和历史唯物主义，拉法格还批判了饶勒斯的修正主义哲学观点。

查尔斯·泰勒

查尔斯·泰勒，1948年出生于利比里亚首都蒙罗维亚郊区，他是著名的政治人物，曾于1997年至2003年间任第二十二任利比里亚总统。他是美国黑人后裔，年轻时曾在美国波士顿当机修工，后进入马萨诸塞州本特雷学院就读，1977年获经济学学士学位，毕业后回到利比里亚。在20世纪90年代初的利比里亚内战时，他是非洲最知名的军阀之一，内战结束后他被选为总统。2003年7月以美国为首的一些国家强烈要求泰勒下台，不久后他流亡尼日利亚，为利比里亚结束长达14年的内战和举行大选铺平了道路。后来，他被联合国塞拉利昂特别法庭以战争罪、反人类罪和违反国际人道法等17项罪名指控，2012年5月30日他被裁定谋杀、强奸及强迫儿童当兵等11项罪名成立，被海牙法庭判处入狱50年。

但丁

但丁·阿利吉耶里（1265—1321），意大利中世纪诗人，现代意大利语的奠基者，欧洲文艺复兴时代的开拓人物，以史诗《神曲》留名后世。但丁被认为是意大利最伟大的诗人，也是西方最杰出的诗人之一，全世界最伟大的作家之一。恩格斯评价说："封建的中世纪的终结和现代资本主义纪元的开端，是以一位大人物为标志的，这位人物就是意大利人但丁，他是中世纪的最后一位诗人，同时又是新时代的最初一位诗人。"

恩格斯

弗里德里希·冯·恩格斯（1820—1895），德国思想家、哲学家、革命家，全世界无产阶级和劳动人民的伟大导师，马克思主义的创始人之一。恩格斯是卡尔·马克思的挚友，被誉为"第二提琴手"，他为马克思从事学术研究提供了大量经济上的支持。在马克思逝世后，将马克思的大量手稿、遗著整理出版，并且成为国际工人运动众望所归的领袖。

费尔巴哈

路德维希·安德列斯·费尔巴哈（1804—1872），德国哲学家。出生于拜恩州（巴伐利亚）下拜恩区的首府兰茨胡特，死于同一州的纽伦堡，他是德国法学家保罗·约翰·安塞姆里特·冯·费尔巴哈的第四个儿子。费尔巴哈对基督教的批判在社会上产生了很大影响，他的某些观点在德国教会和政府的斗争中被一些极端主义者接受。他对卡尔·马克思的影响也很大，虽然马克思并不赞同他观点中的机械论，马克思曾写过《费尔巴哈提纲》，批判他形而上学的唯物主义观点。费尔巴哈的主要著作有《黑格尔哲学批判》和《基督教的本质》等。

费希特

约翰·戈特利布·费希特（1762—1814），德国哲学家。尽管他是自康德的著作发展开来的德国唯心主义哲学的主要奠基人之一，但他在西方哲学史上的重要性往往被轻视了。费希特往往被认为是连接康德和黑格尔两人哲学间的过渡人物。近些年来，由于学者们注意到他对自我意识的深刻理解而重新认识到他的地位。和在他之前的笛卡尔和康德一样，对于主观性和意识的问题激发了他的许多哲学思考。费希特的一些观点也涉及了政治哲学，因此，他被一些人认为是德国国家主义之父。

傅立叶

夏尔·傅立叶（1772—1837），法国著名哲学家，经济学家，空想社会主义者。出身于商人家庭的傅立叶批评当时资本主义社会的一些丑恶现象，希望建立一种以法伦斯泰尔为基层组织的社会主义社会，在这里个人利益和集体利益是一致的。他还揭露资本主义的罪恶，主张建立一个社会主义社会，但他幻想通过宣传和教育来实现这一目的。他还强调妇女解放，提出妇女解放的程度是人民是否彻底解放的准绳。

葛兰西

安东尼奥·葛兰西（1891—1937）是意大利共产主义思想家、意大利共产党创始者和领导人之一。他的文艺理论著作大多写于狱中，战后才得到广泛的传播和研究。他批判资产阶级唯心主义文艺观和克罗齐的"艺术即直觉"的观点，坚持历史唯物主义和无产阶级党性原则，提出创立"民族-人民的文学"的口号，对文学与社会生活，作家与时代、人民，作品的内容与形式的关系，文艺批评的任务，作了精辟的论述；同时对许多古典作家和20世纪重要的文学现象作了分析和论述。葛兰西奠定了意大利马克思主义文艺理论的基础。

哈贝马斯

尤尔根·哈贝马斯，是德国当代最重要的哲学家、社会理论家之一，是批判学派中的法兰克福学派的第二代旗手。他1929年生于杜塞多夫，历任海德堡大学教授、法兰克福大学教授、法兰克福大学社会研究所所长以及德国马普协会生活世界研究所所长。1994年荣休，被公认是"当代最有影响力的思想家"，他同时也是西方马克思主义法兰克福学派第二代的中坚人物。他继承和发展了康德哲学，致力于重建"启蒙"传统，视现代性为"尚未完成之工程"，提出了著名的沟通理性的理论，对后现代主义思潮进行了深刻的对话及有力的批判。他著有《历史唯物主义的重建》、《交往行为理论》等著作。

黑格尔

格奥尔格·威廉·弗里德里希·黑格尔（1770—1831），德国哲学家，出生于德国西南部巴登-符腾堡州首府斯图加特。18岁时，他进入蒂宾根大学学习，在那里，他与荷尔德林、谢林成为朋友，同时，为斯宾诺莎、康德、卢梭等人的著作和法国大革命深深吸引。许多人认为，黑格尔的思想，象征着19世纪德国唯心主义哲学运动的顶峰，对后世哲学流派，如存在主义和马克思的历史唯物主义都产生了深远的影响。更有甚者，由于黑格尔的政治思想兼具自由主义与保守主义两者之要义，因此，对于那些因看到自由主义在承认个人需求、体现人的基本价值方面的无能为力，而觉得自由主义正面临挑战的人来说，他的哲学无疑是为自由主义提供了一条新的出路。1807年，黑格尔出版了第一部作品《精神现象学》。《精神现象学》是一段伟大的概念旅程，带领我们从最基本的人类意识概念，走向最包罗万象而复杂的人类意识概念。

霍布斯

托马斯·霍布斯（1588—1679），英国的政治哲学家，创立了机械唯物主义的完整体系，认为宇宙是所有机械地运动着的广延物体的总和。他提出"自然状态"和国家起源说，认为国家是人们为了遵守"自然法"而订立契约所形成的，是一部人造的机器人，当君主可以履行该契约所约定的保证人民安全的职责时，人民应该对君主完全忠诚。他于1651年出版的《利维坦》一书，为之后所有的西方政治哲学发展奠定了根基。霍布斯的思想对其后的约翰·洛克、孟德斯鸠和让·雅克·卢梭有深刻影响，但同时他的社会契约理论与绝对君主思想又有其独特性。

基佐

弗朗索瓦·皮埃尔·吉尧姆·基佐（1787—1874），法国政治家、历史学家，他在1847年到1848年间任法国首相，是法国第二十二位首相。他是保守派人士，在任期间，他未能留心民间的疾苦，对内主张实行自由放任政策；对外则主张成立法比关税同盟，以对抗当时的德意志关税同盟，但这些措施均引起国内和国外的不满。1848年的二月革命，路易·菲利普的七月王朝被推翻，基佐也因而下台。他著有《英国革命史》、《欧洲文明史》、《法国文明史》等著作。

卡尔·考茨基

卡尔·考茨基（1854—1938），社会民主主义活动家，亦是马克思主义发展史中的重要人物。考茨基是卡尔·马克思代表作《资本论》第四卷的编者，是19世纪末德国社会民主党内最主要的领导人之一。

康德

伊曼努尔·康德（1724—1804），德国哲学家、天文学家，是星云假说的创立者之一、德国古典哲学的创始人、唯心主义者、不可知论者，德国古典美学的奠定者。他被认为是现代欧洲最具影响力的思想家之一，也是启蒙运动最后一位主要哲学家。康德哲学理论的一个基本出发点是认为将经验转化为知识的理性是人与生俱来的，没有先天的范畴我们就无法理解世界。他的这个理论结合了英国经验主义与欧陆的理性主义，对德国唯心主义与浪漫主义影响深远。

康德的一生可以以1770年为标志分为前期和后期两个阶段，前期主要研究自然科学，后期则主要研究哲学。前期的主要成果有1755年发表的《自然通史和天体论》，其中提出了太阳系起源的星云假说。在后期，从1781年开始的9年里，康德出版了一系列涉及领域广阔、有独创性的伟大著作，给当时的哲学思想带来了一场革命，它们包括《纯粹理性批判》（1781年）、《实践理性批判》（1788年）和《判断力批判》（1790年）。"三大批判"的出版标志着康德哲学体系的完成。三大批判分别探讨了认识论、伦理学以及美学。

政治上，康德是一名自由主义者，他支持法国大革命以及共和政体，在1795年他还出版过《论永久和平》一书，提出议制政府与世界联邦的构想。其生前最后一本有代表性的著作是《人类学》（1798年），一般认为该书是对整个学说的概括和总结。康德晚年已经以一名出色的哲学家闻名于世，他去世后，人们为他举行了隆重的葬礼。

孔德

奥古斯特·孔德（1798—1857）是法国著名的哲学家，社会学、实证主义的创始人。1817年8月，他成为著名的乌托邦社会主义者圣西门的秘书。1830年，《实证主义教程》第一卷出版，稍后其他各卷（共四卷）陆续出版。1842年出版的第四卷中，正式提出"社会学"这一名称，并建立起社会学的框架和构想。1844年孔德遇到对其理论发生重大影响的德克洛蒂尔德·德沃。受德沃影响，孔德创立"人道教"，并成立了具有宗教色彩的"实证主义学会"。整个19世纪，值得一提的法国社会学家屈指可数，但作为实证主义的创始人，奥古斯特·孔德被称为社会学之父当之无愧。他创立的实证主义学说是西方哲学由近代转入现代的重要标志之一。

列宁

列宁（1870—1924），原名弗拉基米尔·伊里奇·乌里扬诺夫，列宁是他的笔名。列宁是无产阶级革命家、政治家、思想家、理论家，布尔什维克党创立者、苏联缔造者，任苏联人民委员会主席。他继承和发展了马克思主义，形成了列宁主义理论。他被全世界共产主义者广泛认同为"全世界无产阶级和劳动人民的伟大革命导师和领袖"，也被世人认为是20世纪最伟大的人物之一。俄罗斯国家电视台2008年进行了一项关于国内最伟大历史人物的网上民意调查评选活动，经过统计，列宁位列第六，位于亚历山大·涅夫斯基、斯托雷平、斯大林、普希金、彼得大帝之后。

卢梭

让·雅克·卢梭（1712—1778），启蒙时代瑞士裔的法国思想家、哲学家、政治理论家和作曲家，是18世纪法国大革命的思想先驱，启蒙运动最卓越的代表人物之一。其论文《科学和艺术的进步对改良风俗是否有益》及《论人类不平等的起源与基础》确定了他在哲学史上的地位；他的《社会契约论》的人民主权及民主政治哲学思想深刻影响了启蒙运动、法国大革命和现代政治、哲学和教育思想。此外，他还著有《爱弥儿》、《忏悔录》、《新爱洛伊斯》、《植物学通信》等著作。

罗莎·卢森堡

罗莎·卢森堡（1871—1919），国际共产主义运动史上杰出的马克思主义思想家、理论家、革命家，德国社会民主党和第二国际左派领袖，被列宁誉为"革命之鹰"。在反对资本主义、修正主义和帝国主义世界大战的暴风骤雨中，始终英勇斗争，不畏强暴，展现了高度的革命乐观主义精神。1871年3月5日，出生于俄国占领下的波兰扎莫希奇的一个犹太人家庭，她原是波兰立陶宛王国社会民主党理论家。1898年移居德国柏林，并加入德国社会民主党，是党内的社会民主理论家。1914年，当德国社会民主党宣布支持德国参与第一次世界大战时，她和卡尔·李卜克内西合作成立马克思主义革命团体"斯巴达克同盟"，与社民党内以艾伯特为代表的右倾势力斗争。该组织于1919年1月1日转为德国共产党。1918年11月，在德国革命期间，她创办了《红旗报》，作为左翼的中央机构。1915年—1918年间被多次关押。罗莎·卢森堡起草了德国共产党党纲。她认为1919年1月柏林的斯巴达克起义是一个错误，但起义开始后她还是加以支持。当起义被自由军团镇压时，卢森堡、李卜克内西与其他数百位支持者被逮捕，遭到严刑拷打并被杀害。

洛克

约翰·洛克（1632—1704），英国哲学家，经验主义的开创人，同时也是第一个全面阐述宪政民主思想的人，在哲学以及政治领域都有重要影响。洛克的第一本主要著作是《论宽容》，而洛克最知名的两本著作则分别是《人类理解论》和《政府论》。洛克的思想对于后代政治哲学的发展产生了巨大影响，并且被广泛视为是启蒙时代最具影响力的思想家和自由主义者。他的著作也大大影响了伏尔泰和卢梭，以及许多苏格兰启蒙运动的思想家和美国开国元勋。他的理论被反映在美国的《独立宣言》上。洛克的精神哲学理论通常被视为是现代主义中"本体"以及自我理论的奠基者，也影响了后来大卫·休谟、让·雅各·卢梭与伊曼努尔·康德等人的著作。洛克是第一个以连续的"意识"来定义自我概念的哲学家，他也提出了心灵是一块"白板"的假设。与笛卡尔和基督教哲学不同的是，洛克认为人生下来是不带有任何记忆和思想的。

马克思

卡尔·亨利希·马克思（1818—1883），马克思主义的创始人，第一国际的组织者和领导者，全世界无产阶级和劳动人民的伟大导师、政治家、哲学家、经济学家、革命理论家。主要著作有《资本论》、《共产党宣言》。他是无产阶级的精神领袖，是当代共产主义运动的先驱，支持他理论的人被视为马克思主义者。马克思最广为人知的哲学理论是他对于人类历史进程中阶级斗争的分析。他认为几千年以来，人类发展史上最大的矛盾与问题就在于不同阶级之间的利益掠夺。依据历史唯物论，马克思曾大胆地假设，资本主义终将被共产主义所取代。

孟德斯鸠

查理·路易·孟德斯鸠（1689—1755），法国启蒙思想家，社会学家，是西方国家学说和法学理论的奠基人。1748年他出版了《论法的精神》，全面分析了三权分立的原则。伏尔泰夸赞这本篇幅巨大、包罗万象的著作是"理性和自由的法典"。

欧文

罗伯特·欧文（1771—1858），英国乌托邦社会主义者，也是一位企业家、慈善家。欧文在历史上第一次揭示了无产阶级贫困的原因，并从生产力的角度提出公有制与大生产的紧密关系，他晚年还提出过共产主义主张。他最著名的著作为《新社会观》、《新道德世界书》。罗伯特·欧文是历史上第一个创立学前教育机关（托儿所、幼儿园）的教育理论家和实践者。教育与生产劳动相结合，是欧文对人类教育理论宝库的一大贡献。他认为，要培养智育、德育、体育全面发展的一代新人，必须把教育与生产劳动结合起来。

培根

弗朗西斯·培根（1561—1626），英国哲学家、思想家、作家和科学家，是古典经验论的始祖。他不但在文学、哲学上多有建树，在自然科学领域里，也取得了重大成就。培根是一位经历了诸多磨难的贵族子弟，复杂多变的生活经历丰富了他的阅历，随之而来的是他的思想成熟，言论深邃，富含哲理。他是一位理性主义者而不是迷信的崇拜者，是一位经验论者而不是诡辩学者；在政治上，他是一位现实主义者而不是理论家。他在逻辑学、美学、教育学方面也提出许多思想。他著有《新工具》、《论说随笔文集》等著作，此外，他还有许多名言为众人所知，"知识就是力量"就是其中最著名的一句名言。

普列汉诺夫

格奥尔基·瓦连廷诺维奇·普列汉诺夫（1856—1918），俄国马克思主义先驱，俄国社会民主工党总委员会主席。他早年是民粹主义者，在1883年后的20年间是俄国马克思主义政党的创始人和领袖之一，是最早在俄国和欧洲传播马克思主义的思想家，也是俄国和国际工人运动的著名活动家，十分受列宁尊敬。

普罗泰戈拉

普罗泰戈拉（约公元前490—约公元前420），公元前5世纪希腊哲学家，智者派的主要代表人物。他出生在阿布德拉城，多次来到当时希腊奴隶主民主制的中心雅典，与民主派政治家伯里克利结为挚友，曾为意大利南部的雅典殖民地图里城制定过法典。一生旅居各地，收徒传授修辞和论辩知识，是当时最受人尊敬的"智者"。普罗泰戈拉留传下来的最主要的哲学名言就是在《论真理》中说的，"人是万物的尺度，存在时万物存在，不存在时万物不存在。"

塞利格曼

马丁·塞利格曼（1942—），美国心理学家，主要从事习得性无助、抑郁、乐观主义、悲观主义等方面的研究。曾获美国应用与预防心理学会的荣誉奖章，并由于他在精神病理学方面的研究而获得该学会的终身成就奖。1998年当选为美国心理学会主席。

圣西门

克劳德·昂列·圣西门（1760—1825），法国哲学家、经济学家、社会改革家、空想社会主义者。与实证主义创始人奥古斯特·孔德相熟，曾聘其为秘书。圣西门出身贵族，曾参加法国大革命，还参加过北美独立战争。他抨击资本主义社会，致力于设计一种新的社会制度，并花掉了他的全部家产。在他所设想的社会中，人人劳动，没有不劳而获，没有剥削，没有压迫。圣西门一生写了许多著作，但直到1825年4月发表的《新基督教》这部圣西门最后的著作，才标志着他创建的空想社会主义大厦的完成。

苏格拉底

苏格拉底（公元前469—公元前399），古希腊著名的思想家、哲学家、教育家，他和他的学生柏拉图，以及柏拉图的学生亚里士多德被并称为"古希腊三贤"，更被后人广泛认为是西方哲学的奠基者。身为雅典的公民，据记载，苏格拉底最后被雅典法庭以引进新的神和腐蚀雅典青年思想之罪名判处死刑。尽管他曾获得逃亡雅典的机会，但苏格拉底仍选择饮下毒堇汁而死，因为他认为逃亡只会进一步破坏雅典法律的权威，同时也是因为担心他逃亡后雅典将再没有好的导师可以教育人们了。

维柯

乔瓦尼·巴蒂斯塔·维柯（1668—1744）是一名意大利政治哲学家、修辞学家、历史学家和法理学家。他为古老风俗辩护，批判了现代理性主义，并以巨著《新科学》闻名于世。

亚当·斯密

亚当·斯密（1723—1790），苏格兰哲学家和经济学家，是经济学的主要创立者。他所著的《国富论》成为了第一本试图阐述欧洲产业和商业发展历史的著作。这本书发展出了现代的经济学学科，也提供了现代自由贸易、资本主义和自由意志主义的理论基础。

亚里士多德

亚里士多德（公元前384—公元前322），古希腊斯吉塔拉人，世界古代史上最伟大的哲学家、科学家和教育家之一。是柏拉图的学生，亚历山大大帝的老师。公元前335年，他在雅典办了一所叫吕克昂的学校，被称为逍遥学派。马克思曾称亚里士多德是古希腊哲学家中最博学的人物，恩格斯称他是古代的黑格尔。作为一位最伟大的、百科全书式的科学家，亚里士多德对世界的贡献无人可比。他对哲学的几乎每个学科都作出了贡献。他的写作涉及伦理学、形而上学、心理学、经济学、神学、政治学、修辞学、自然科学、教育学、诗歌、风俗，以及雅典宪法。

斯大林

约瑟夫·维萨里奥诺维奇·斯大林（1879—1953），苏联共产党中央总书记、苏联部长会议主席、苏联大元帅，是苏联执政时间最长（1924—1953）的最高领导人，在任期间，全力进行社会主义工业化和农业集体化，使苏联成为重工业和军事大国，但同时也导致了乌克兰大饥荒。斯大林树立对自己的个人崇拜，实施大清洗，并对车臣等少数族裔进行压迫流放，严重破坏了民主和法制。第二次世界大战中领导苏联红军，与盟军协力击败轴心国，苏联领土也有了很大的扩张。战后他扶植了社会主义阵营，在冷战中与以美国为首的北约对峙。1953年3月5日因脑溢血去世。2008年，俄罗斯国家电视台举行了一次"最伟大的俄罗斯人"的评选活动，斯大林高居第三（四至六位分别是普希金、彼得大帝、列宁），仅次于亚历山大·涅夫斯基和斯托雷平。

笛卡尔

勒内·笛卡尔（1596—1650），生于法国，逝世于瑞典斯德哥尔摩，是法国著名的哲学家、数学家、物理学家。他对现代数学的发展作出了重要的贡献，因将几何坐标体系公式化而被认为是解析几何之父。他还是西方现代哲学思想的奠基人，是近代唯物论的开拓者，并且提出了"普遍怀疑"的主张。他的哲学思想深深影响了之后的几代欧洲人，开拓了所谓的"欧陆理性主义"哲学。黑格尔称他为"现代哲学之父"。笛卡尔堪称17世纪欧洲哲学界和科学界最有影响的巨匠之一，被誉为"近代科学的始祖"。

马丁·路德

马丁·路德（1483—1546），宗教改革运动的发起人。他本来是罗马公教奥斯定会的会士、神学家和神学教授。为了坚决抗议罗马天主教会，他发动了一场宗教改革运动。他的改革终止了中世纪罗马公教教会在欧洲的独一地位。他翻译的路德圣经迄今为止仍是最重要的德语圣经译作。2005年11月28日，德国电视二台投票评选最伟大的德国人，路德名列第二位，仅次于康拉德·阿登纳。

邓小平

邓小平（1904—1997），本名邓希贤，参加革命后取名邓小平，1904年8月22日出生在中国西南最大的省——四川省的农村，是中国共产党第一代中央领导集体的重要成员和第二代中央领导集体的核心，是我国各族人民公认的享有崇高威望的杰出领导人。他在中国革命和建设的各个历史时期都作出了重大贡献，是杰出的马克思主义者和坚定的共产主义者，是中国改革开放和社会主义现代化建设的总设计师，是邓小平理论的主要创立者。

布鲁诺·鲍威尔

布鲁诺·鲍威尔（1809—1882），德国哲学家，青年黑格尔派代表之一。柏林大学毕业，曾在柏林大学、波恩大学任教，因发表《同观福音作者的福音史批判》而遭解聘，从此退隐。否认福音故事的可靠性以及耶稣其人的存在。将黑格尔的自我意识解释为同自然相脱离的绝对实在，并用它来代替黑格尔的"绝对观念"，宣称"自我意识"是最强大的历史创造力，马克思和恩格斯在《神圣家族》一书中对此予以严厉批判。主要著作还有《福音的批判及福音起源史》、《斐洛、施特劳斯、勒男与原始基督教》等。

弗洛伊德

西格蒙德·弗洛伊德（1856—1939），犹太人，奥地利精神病医生及精神分析学家，精神分析学派的创始人，此学派被称为"维也纳第一精神分析学派"，以区别于后来由此演变出的第二及第三学派。著有《性学三论》、《梦的解析》、《图腾与禁忌》、《日常生活的心理病理学》、《精神分析引论》、《精神分析引论新编》等。提出"潜意识"、"自我"、"本我"、"超我"、"俄狄浦斯情结"、"性冲动"、"心理防卫机制"等概念。其成就对哲学、心理学、美学，甚至社会学、文学等都有深刻的影响，被世人誉为"精神分析之父"。但他的理论诞生至今，却一直饱受争议。

海德格尔

马丁·海德格尔（1889—1976），德国哲学家，20世纪存在主义哲学的创始人和主要代表之一。出生于德国西南巴登邦弗赖堡附近的梅斯基尔希的天主教家庭，逝于德国梅斯基尔希。他在现象学、存在主义、解构主义、诠释学、后现代主义、政治理论、心理学及神学领域都有举足轻重的影响。此外，他还著有《存在与时间》一书，本书深深影响了20世纪哲学，尤其是存在主义、解释学和解构主义。

尼采

弗里德里希·威廉·尼采（1844—1900），德国著名哲学家，西方现代哲学的开创者，同时也是卓越的诗人和散文家，他的著作对于宗教、道德、现代文化、哲学，以及科学等领域提出了广泛的批判和讨论。他的写作风格独特，经常使用格言和悖论的技巧。尼采对于后代哲学的发展影响极大，尤其是在存在主义与后现代主义上。他最早开始批判西方现代社会，然而他的学说在他的时代却没有引起人们的重视，直到20世纪，才激起深远的调门各异的回声。后来的生命哲学、存在主义、弗洛伊德主义、后现代主义，都以各自的形式回应尼采的哲学思想。尼采著有《悲剧的诞生》、《查拉图斯特拉如是说》、《偶像的黄昏》等著作。

叔本华

亚瑟·叔本华（1788—1860），德国著名哲学家，他继承了康德对于现象和物自体之间的区分。不同于他同代的费希特、谢林、黑格尔等取消物自体的做法，他坚持物自体，并认为它可以通过直观而被认识，将其确定为意志。意志独立于时间、空间，所有理性、知识都从属于它，人们只有在审美的沉思时才能逃离其中。叔本华将他著名的极端悲观主义和此学说联系在一起，认为意志的支配最终只能导致虚无和痛苦。他对心灵屈从于器官、欲望和冲动的压抑、扭曲的理解预言了精神分析学和心理学。他的代表著作有《作为意志和表象的世界》等。

孙中山

孙中山，本名孙文，谱名德明，字载之，号日新，又号逸仙，幼名帝象。中国近代民主主义革命先驱，中华民国和中国国民党创始人，三民主义的倡导者。首举彻底反封建的旗帜，"起共和而终帝制"。1905年成立中国同盟会。1911年辛亥革命后被推举为中华民国临时大总统。1929年6月1日，根据其生前遗愿，陵墓永久迁葬于南京钟山中山陵。1940年，国民政府通令全国，尊称其为"中华民国国父"。他是一位在海峡两岸都受到敬重的革命家，中华民国尊其为国父，中国国民党尊其为总理，毛泽东和中国共产党称孙中山为"中国近代民主革命的伟大先行者"。

谢林

弗里德里希·威廉·约瑟夫·冯·谢林（1775—1854），德国哲学家。谢林是德国唯心主义发展中期的主要人物，处在费希特和黑格尔之间。谢林的自然哲学受到了浪漫派大诗人歌德的欣赏，也得到了德国自然科学的欢迎。

伊壁鸠鲁

伊壁鸠鲁（公元前341—公元前270），古希腊哲学家、无神论者，伊壁鸠鲁学派的创始人。伊壁鸠鲁成功地发展了阿瑞斯提普斯的享乐主义，并将之与德谟克利特的原子论结合起来。他的学说的主要宗旨就是要达到不受干扰的宁静状态。

伊壁鸠鲁的学说和苏格拉底及柏拉图最大的不同在于，前者强调远离责任和社会活动。伊壁鸠鲁认为，最大的善来自快乐，没有快乐就没有善。快乐包括肉体上的快乐，也包括精神上的快乐。伊壁鸠鲁区分了积极的快乐和消极的快乐，并认为消极的快乐拥有优先的地位，它是"一种厌足状态中的麻醉般的狂喜"。同时，伊壁鸠鲁强调，在我们考量一个行动是否有趣时，我们必须同时考虑它带来的副作用。在追求短暂快乐的同时，也必须考虑是否可能获得更大、更持久、更强烈的快乐。他还强调，肉体的快乐大部分是强加于我们的，而精神的快乐则可以被我们所支配，因此交朋友、欣赏艺术等也是一种乐趣。

伊壁鸠鲁悖论是其著名遗产之一。伊壁鸠鲁也同意德谟克利特的有关"灵魂原子"的说法，认为人死后，灵魂原子离肉体而去，四处飞散，因此人死后并没有生命。他说："死亡和我们没有关系，因为只要我们存在一天，死亡就不会来临，而死亡来临时，我们也不再存在了。"伊壁鸠鲁认为对死亡的恐惧是非理性的，因为对自身死亡的认识是对死亡本身的无知。

德谟克利特

德谟克利特（约公元前460—公元前370或公元前356），来自古希腊爱琴海北部海岸的自然派哲学家。德谟克利特是经验的自然科学家和第一个百科全书式的学者，古代唯物思想的重要代表。他是"原子论"的创始者，由原子论入手，他建立了认识论，并在哲学、逻辑学、物理、数学、天文、动植物、医学、心理学、伦理学、教育学、修辞学、军事、艺术等方面，都有所建树。可惜他的大多数著作都散失了，至今只能看到若干残篇断简，这对理解他的思想造成了一定的困难。

德谟克利特的自然科学虽然也有类似实验解剖这样的科学结论，但是他在哲学上的大部分见解都与经验直接相关。他的原子论是受着水汽蒸发以及香味传递等感性直观，依赖哲学思维推测出来的，通过感官的参与，即经验，直接推测了原子论的可能，并由原子论进一步影响认识论等。说他是自然科学家，主要是缘于他对于自然科学起到的奠基作用，但是在哲学领域，他是个彻头彻尾的经验论者，在他那个年代的哲学家鲜有严谨依赖科学思维得出哲学结论的人，这是可想而知的。

伏尔泰

伏尔泰（1694—1778），原名弗朗索瓦·马利·阿鲁埃，伏尔泰是他的笔名。法国启蒙时代思想家、哲学家、文学家，启蒙运动公认的领袖和导师。伏尔泰是18世纪法国资产阶级启蒙运动的旗手，被誉为"法兰西思想之王"、"法兰西最优秀的诗人"、"欧洲的良心"。他不仅在哲学上有卓越成就，也以捍卫公民自由，特别是信仰自由和司法公正而闻名。尽管在他所处的时代，审查制度十分严厉，伏尔泰仍然公开支持社会改革。他的论说以讽刺见长，常常抨击天主教教会的教条和当时的法国教育制度。伏尔泰的著作和思想与托马斯·霍布斯及约翰·洛克一道，对美国革命和法国大革命的主要思想家都有影响。

李约瑟

李约瑟（1900—1995），英国伦敦人，著名生物化学专家、汉学家，英国剑桥大学李约瑟研究所名誉所长。数次来到中国，先后任英国驻华科学参赞、中英科学合作馆馆长，1946年赴巴黎任联合国教科文组织自然科学部主任。著有《中国科学技术史》（28卷册）、《化学胚胎学》、《中国科学》、《科学前哨》及《中国神针：针灸史及基本原理》等著作。

毛泽东

毛泽东（1893—1976），字润之（原作咏芝，后改润芝），笔名子任，湖南湘潭人。中国革命家、战略家、理论家、诗人，中国共产党、中国人民解放军和中华人民共和国的主要缔造者和领袖，毛泽东思想的主要创立者。从1949年到1976年，毛泽东是中华人民共和国的最高领导人。他对马克思列宁主义的发展、军事理论的贡献以及对共产党的理论贡献被称为毛泽东思想。毛泽东担任过的主要职务几乎全部称为"主席",所以被尊称为"毛主席"。毛泽东被视为现代世界历史中最重要的人物之一,《时代》杂志将他评为20世纪最具影响的100人之一。

《德意志意识形态》

《德意志意识形态》是一本哲学巨著文本,于1845年由马克思和恩格斯合著,于1932年在莫斯科出版。在1847年,《德意志意识形态》的部分内容在《威斯特伐里亚汽船》杂志8月和9月号发表过。本书第一次系统阐述了历史唯物主义的基本原理,如社会存在决定社会意识、生产方式在社会生活中起决定作用、生产关系必须适合生产力的发展等,标志着马克思主义哲学的成熟。此外,本书还批判地分析了当时的费尔巴哈、鲍威尔及施蒂纳的唯心主义历史观,批判了真正的社会主义或德国社会主义的各种代表哲学观点,表达了对科学社会主义的认识。

《反杜林论》

《反杜林论》是恩格斯于1876年5月底至1878年7月初的著作,是一部伟大的马克思主义著作,是马克思主义发展史上的一座丰碑。

《共产党宣言》

　　《共产党宣言》是无产阶级革命导师马克思、恩格斯受"共产主义者同盟"1847年12月伦敦第二次代表大会的委托，于1847年11月—1848年1月间共同撰写的关于科学共产主义的第一个纲领性文献。它是国际共产主义运动的第一个纲领性文献，是一部划时代的光辉文献。《共产党宣言》以辩证唯物主义与历史唯物主义为理论基础，以阶级斗争为线索，解剖了资本主义制度，阐明了资本主义的发生、发展和必然灭亡的客观规律；阐明了无产阶级作为资本主义掘墓人和共产主义创建者的伟大历史使命；论证了无产阶级革命和无产阶级专政是无产阶级获得解放的唯一道路；批判了打着社会主义招牌而同科学共产主义相对立的各种流派的所谓理论；奠定了无产阶级政党的学说，并确立了党的战略、策略、原则。

《关于费尔巴哈的提纲》

　　《关于费尔巴哈的提纲》写于1845年春，马克思生前未发表过。最早发表于1888年，恩格斯在《路德维希·费尔巴哈和德国古典哲学的终结》的序言中称这个文件为"关于费尔巴哈的提纲"，并作为该书的附录首次发表。它被恩格斯称为"包含着新世界观的天才萌芽的第一个文件"，"历史唯物主义的起源"。

《关于费尔巴哈的提纲》和《德意志意识形态》一起被公认为是马克思主义哲学，特别是唯物史观创立的基本标志。

《莱茵报》

《莱茵报》，《莱茵政治、商业和工业日报》的简称，"德国现代期刊的先声"（恩格斯语，《马克思恩格斯选集》第1卷第514页）。

《路德维希·费尔巴哈和德国古典哲学的终结》

《路德维希·费尔巴哈和德国古典哲学的终结》是恩格斯为论述马克思主义哲学同德国古典哲学的关系，阐明马克思主义哲学基本原理而写的一部重要的哲学著作。写于1886年，同年发表在德国社会民主党理论杂志《新时代》的第4—5期上。1888年出版单行本。20世纪20年代末30年代初传入中国，曾出版过林超真、彭嘉生、张仲实等人的6种译本。这本著作全面论述了马克思主义哲学和黑格尔、费尔巴哈哲学之间的批判继承关系，系统阐述了辩证唯物主义和历史唯物主义的基本原理，具体说明了马克思主义哲学产生的理论来源和自然科学基础，深刻分析了马克思主义哲学在哲学领域中革命变革的实质。

《人是机器》

法国J.O.拉美特里的著作。在作者因出版《心灵的自然史》一书被迫流亡荷兰时写成，1747年匿名发表。拉美特里根据大量医学、解剖学和生理学的科学材料，证明人的心灵状况决定于人的机体状况，特别着重证明思维是大脑的机能和道德源于机体的自我保存的要求。《人是机器》假定一切生物都具有所谓"运动的始基"，它是生物的运动、感觉以及思维和良知产生的根据。书中明确指出，运动的物质能够产生有生命的生物、有感觉的动物和有理性的人。公开表明唯物主义和无神论的立场，驳斥心灵为独立的精神实体的唯心主义观点，论证精神对物质的依赖关系。《人是机器》在自然观、认识论、社会历史观、无神论和伦理学等许多方面还提出一系列后来为其他法国唯物主义者进一步发展了的思想。它是18世纪法国第一部以公开的无神论形式出现的系统的机械唯物主义著作。

《神圣家族》

《神圣家族》是一本由马克思和恩格斯在1844年11月创作的书。这本书对青年黑格尔派及其在当时学术界极其流行的思想潮流进行了批判。该书的名称是由出版商提议取的，并用作讽刺鲍威尔兄弟及其支持者。该书引发了争议并使得鲍威尔对此进行了反驳。鲍威尔称马克思和恩格斯误解了自己的说法。马克思之后在《德意志意识形态》中讨论了相关问题。

《唯物主义和经验批判主义》

《唯物主义和经验批判主义》是列宁批判经验批判主义哲学思潮、阐述辩证唯物主义认识论的重要著作。1908年2月—10月在日内瓦和伦敦写成，1909年5月由莫斯科"环节"出版社出版。这部著作在国际上得到了广泛的传播，先后被译为20多种文字。它对中国思想界也有很大的影响，1930年，笛秋和朱铁笙第一次将它译成中文，由上海明日书店出版发行。

《自然辩证法》

《自然辩证法》是德国哲学家弗里德里希·恩格斯一部尚未完成的著作，是恩格斯多年来对自然科学研究的总结。对19世纪中期的主要自然科学成就用辩证唯物主义的方法进行了概括，并批判了自然科学中的形而上学和唯心主义的观念。在恩格斯去世后，1896年发表了其中一篇论文《劳动在从猿到人转变过程中的作用》，1898年发表了其中另一篇论文《神灵世界中的自然科学》，直到1925年才在前苏联出版的德文和俄文译本对照的《马克思恩格斯文库》中全文发表。

《1844年经济学哲学手稿》

《1844年经济学哲学手稿》是卡尔·马克思在年轻时代为了总结自己的思想和弄清思考的问题而写的一个未完成的手稿，由三个部分组成，这是一部研究政治经济学和哲学的著作。该手稿中，马克思根据当时情况，对一系列德国的古典哲学（包括黑格尔的辩证法、费尔巴哈的唯物论）、英国的古典政治经济学（亚当·斯密）以及法国的空想社会主义进行批判性整合。该手稿可以反映出马克思已经完全脱离了黑格尔的理论。

《资本论》

《资本论》是马克思的著作，以唯物史观的基本思想为指导，通过深刻分析资本主义生产方式，揭示了资本主义社会发展的规律，同时也使唯物史观得到了科学的验证和进一步的丰富发展。《资本论》运用唯物史观的观点和方法，将社会关系归结为生产关系，将生产关系归结于生产力的高度，从而证明了社会形态的发展是一个不以人的意志为转移的自然历史过程。

《前进报》

德国社会主义工人党中央机关报，1876年10月1日创刊。1875年5月召开的德国社会民主党和全德工人联合会哥达合并大会决定，两派的机关报暂时并列为新成立的社会主义工人党的机关报。

《政治经济学批判大纲》

《政治经济学批判大纲》是恩格斯的第一篇经济学著作。写于1843年底至1844年1月，1844年2月发表在《德法年鉴》上。中译本收入人民出版社1956年出版的《马克思恩格斯全集》第1卷。研究了资本主义社会经济制度和资产阶级政治经济学的基本范畴，论述了消灭私有制的必要性，对社会主义革命作了初步论证，是马克思主义发展史上第一篇经济学著作。

《火星报》

《火星报》是由俄国社会民主工党的人士在德国所创办的一份政治性的报纸，系俄国社会民主工党中央机关报，第一个全俄政治报。1900年12月24日，由列宁、普列汉诺夫创办于德国莱比锡。《火星报》的座右铭是星火燎原，该句出于弗拉基米尔·奥多耶夫斯基对普希金的诗《致西伯利亚的囚徒》的回复；另外东干族亦曾有份以东干语撰写的《东方火星报》。《火星报》于1900年12月在德国首次发行，不久后即迁往德国慕尼黑进行出版，1902年4月移至英国伦敦出版，1903年之后移至瑞士日内瓦继续出版。该报为党制订了纲领草案，并筹备了党的第二次全国代表大会。1903

年，该报发生分裂。以列宁为首的多数派退出了编辑部后，《火星报》便成为孟什维克派的喉舌，最后，《火星报》在1905年停刊，一共发行了112期，其中列宁参与编辑的前51期又被称为"旧火星报"，52期以后的部分则被称为"新火星报"。

《真理报》

《真理报》是1918年至1991年间苏联共产党中央委员会的机关报。《真理报》在1991年被时任俄罗斯联邦总统的叶利钦下令关闭，但同名的报纸不久后又开始发行。原《真理报》的大部分职员于1999年加入了新创建的网络媒体"真理报在线"。"真理报在线"目前是访问人数最多的俄罗斯新闻网站，它与俄罗斯国内正在发行的《真理报》没有任何关系。俄罗斯国内还有多份同名的报纸一直在发行。原《真理报》在西方乃至全世界都以其政治色彩而著称。

《德法年鉴》

《德法年鉴》是德国"第一个社会主义的刊物"。1844年2月底只在巴黎用德文出版了1—2期合刊号，主编是阿·卢格和马克思。由于当时卢格患病，这一期合刊主要是由马克思编辑的。这期合刊包括卢格写的《德法年鉴》计划、杂志撰稿人之间的8

封通信、马克思的著作《〈黑格尔法哲学批判〉导言》和《论犹太人问题》、恩格斯的著作《政治经济学批判大纲》和《英国状况》，以及其他人写的三篇文章、两首诗、一份官方判决书和编后记《刊物的展望》。马克思和恩格斯在《德法年鉴》上发表的文章表明，他们最终完成了从革命民主主义向共产主义的转变。

《人权宣言》

《人权宣言》，1789年8月26日颁布，是在法国大革命时期颁布的纲领性文件。《人权宣言》以美国的《独立宣言》为蓝本，采用18世纪的启蒙学说和自然权论，宣布自由、财产、安全和反抗压迫是天赋不可剥夺的人权，肯定了言论、信仰、著作和出版自由，阐明了司法、行政、立法三权分立，法律面前人人平等，私有财产神圣不可侵犯等原则。